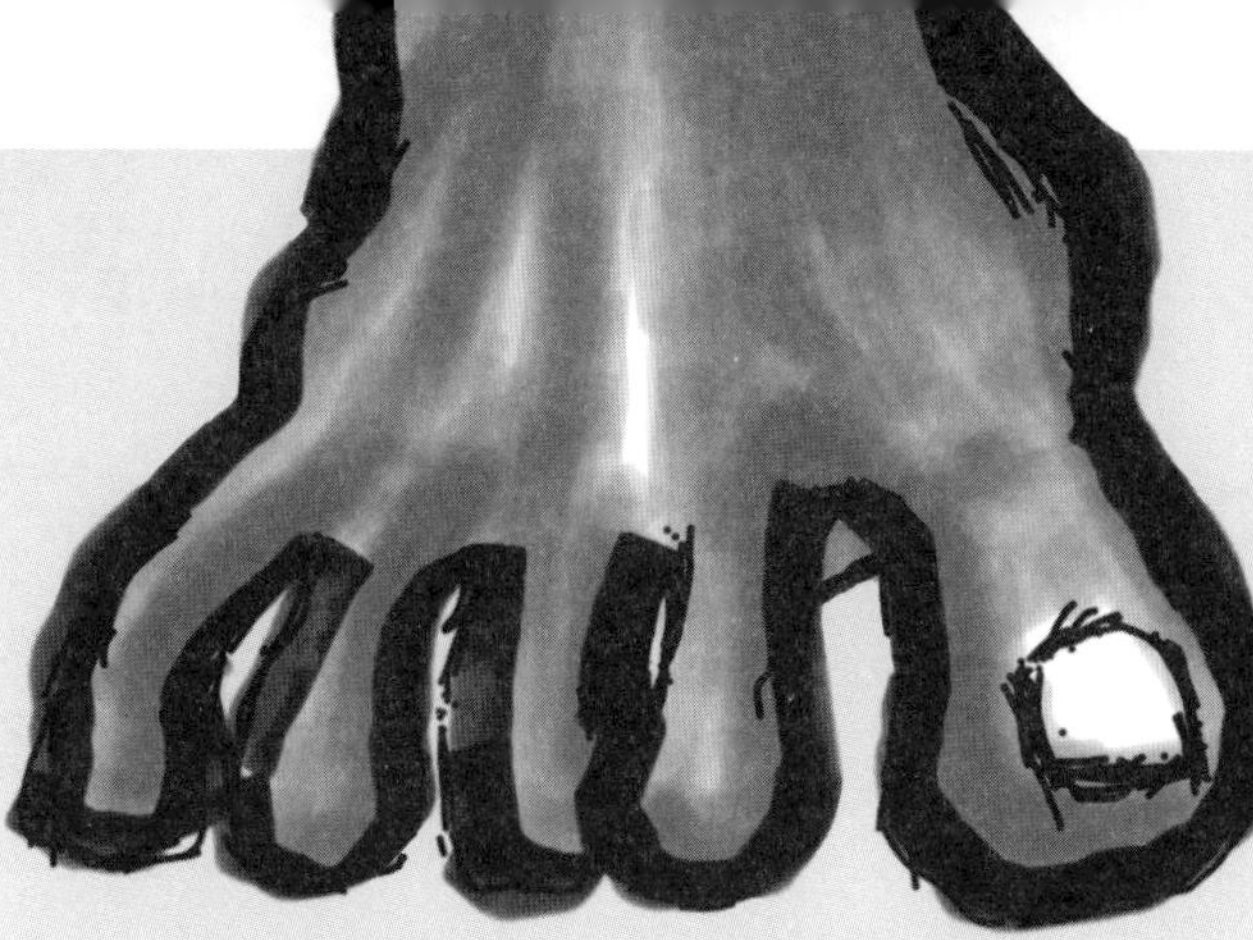

うまい選手は

サッカー

足[illegible]開く

クリエイティブが目覚める[illegible]トレーニング

川勝良一
Ryoichi Kawakatsu

池田書店

みなさんの足指は
どれくらい開きますか?
サッカーがうまい人は
これくらい開きます。

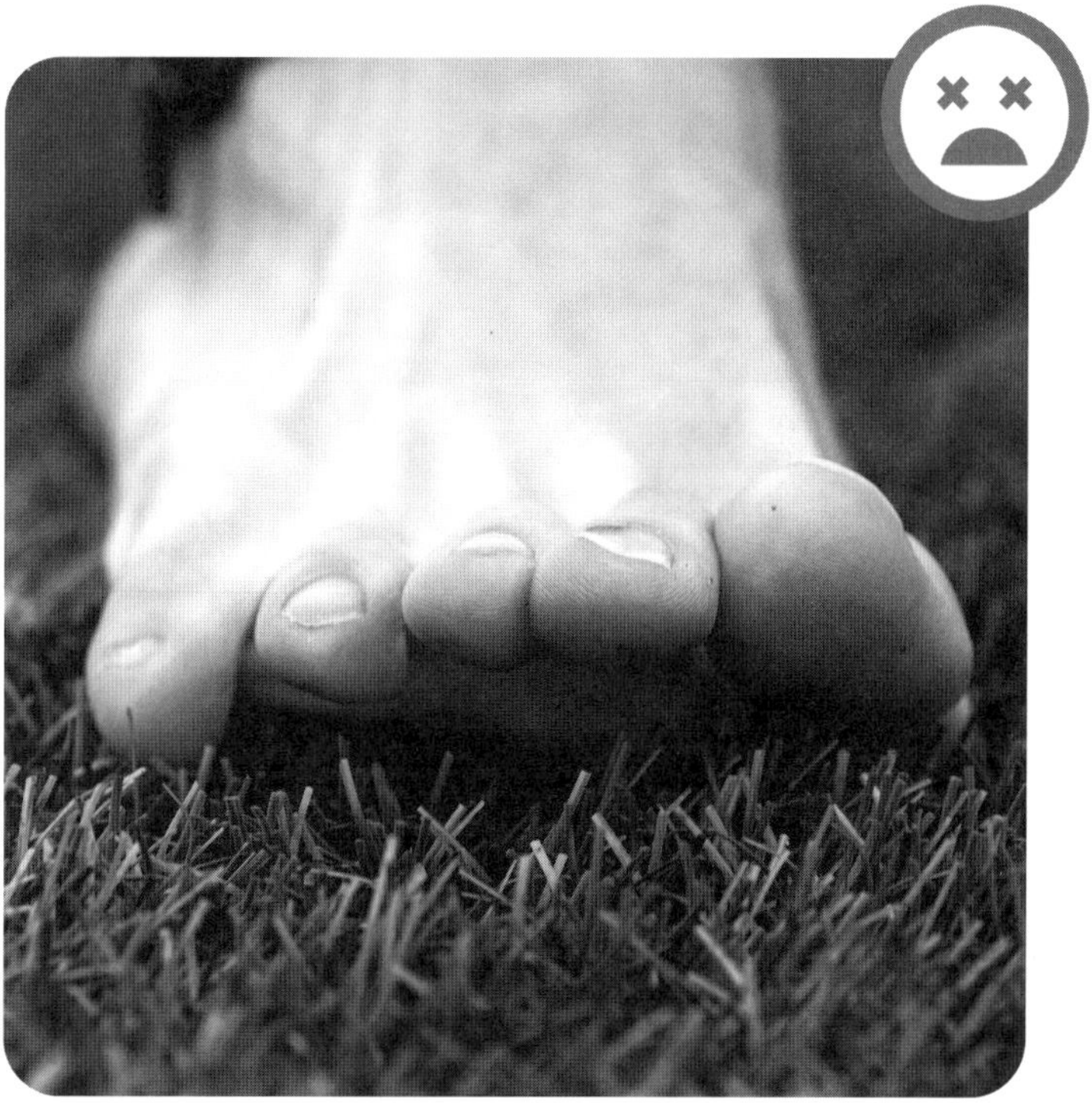

これくらいしか開かない人は、
なかなかサッカーがうまくなりません。

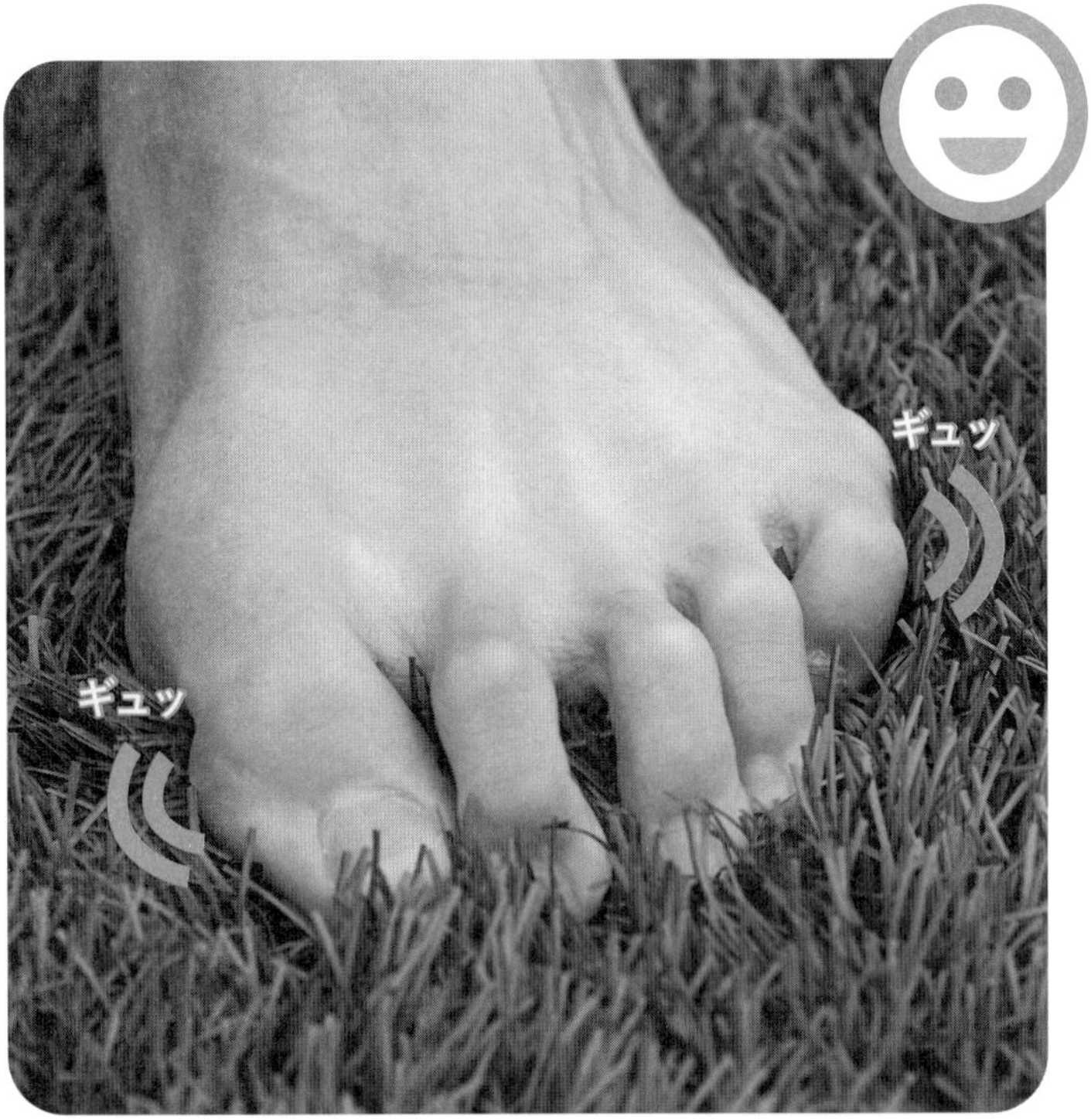

足の親指と小指で
どれくらい踏ん張れますか？

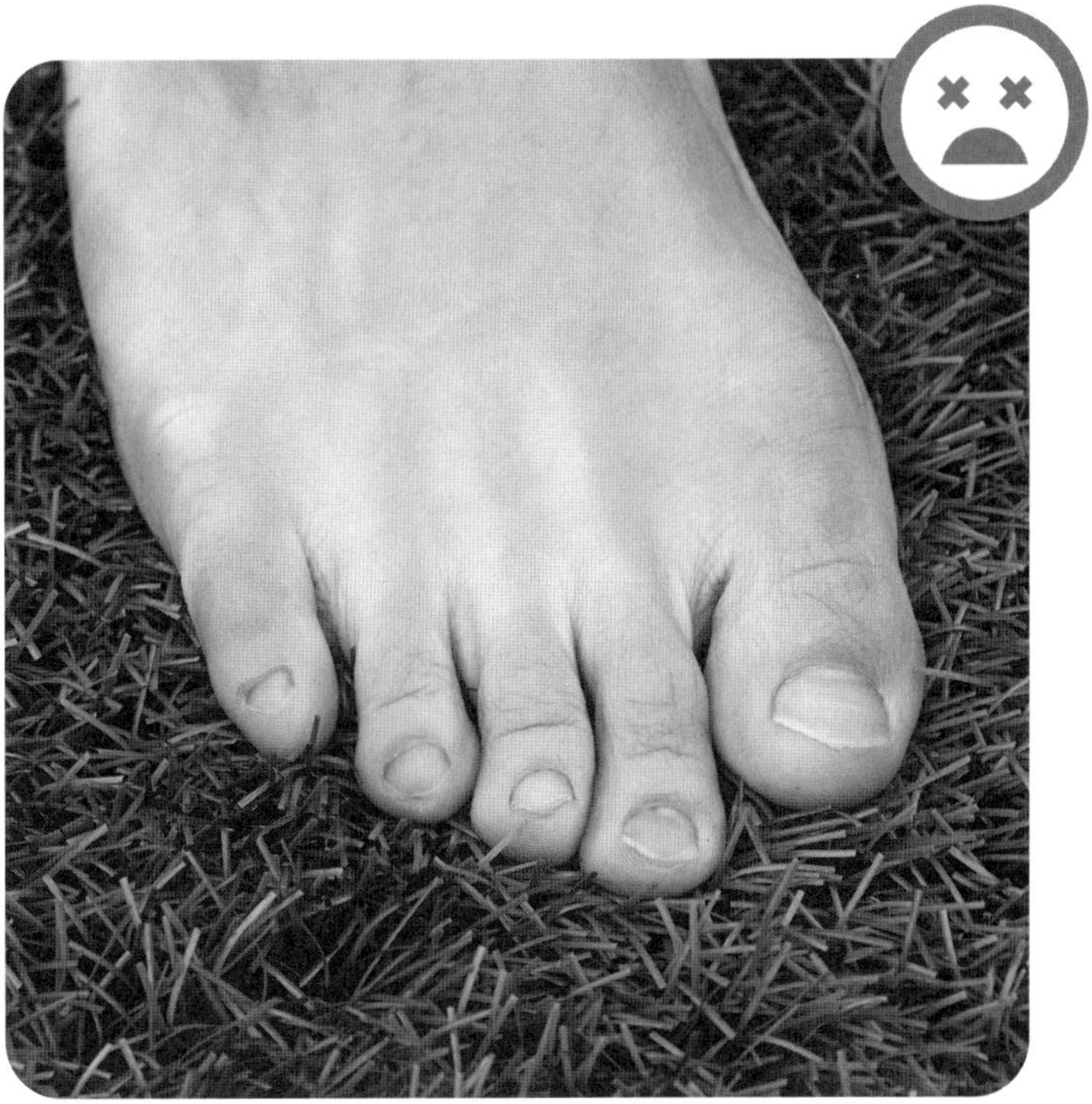

踏ん張ることができないと、
キックが弱くなったり、
相手に倒されたりしてしまいます。

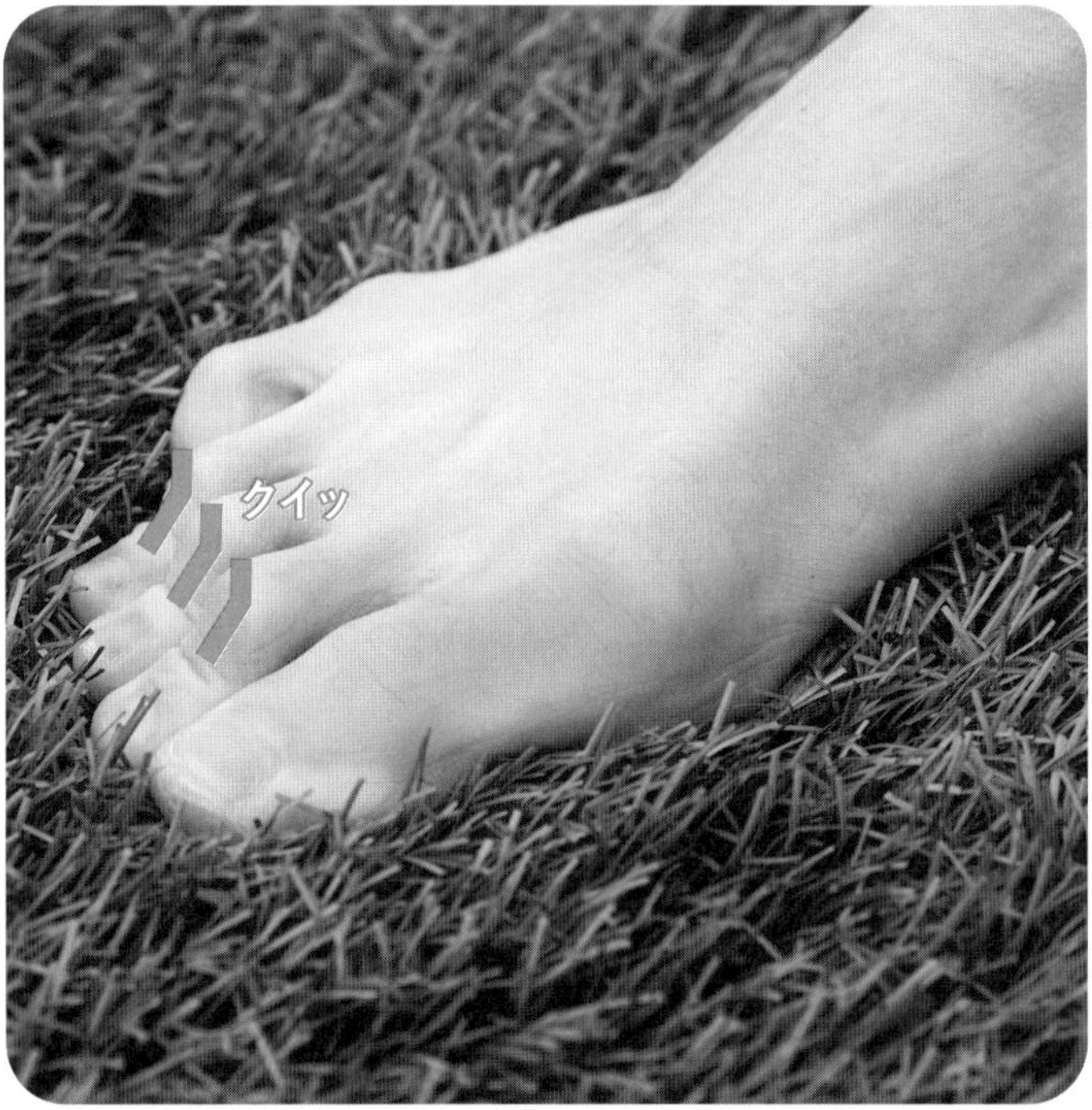

足指の第一関節は
どれくらい曲がりますか？
うまい選手はクイッと曲がります。

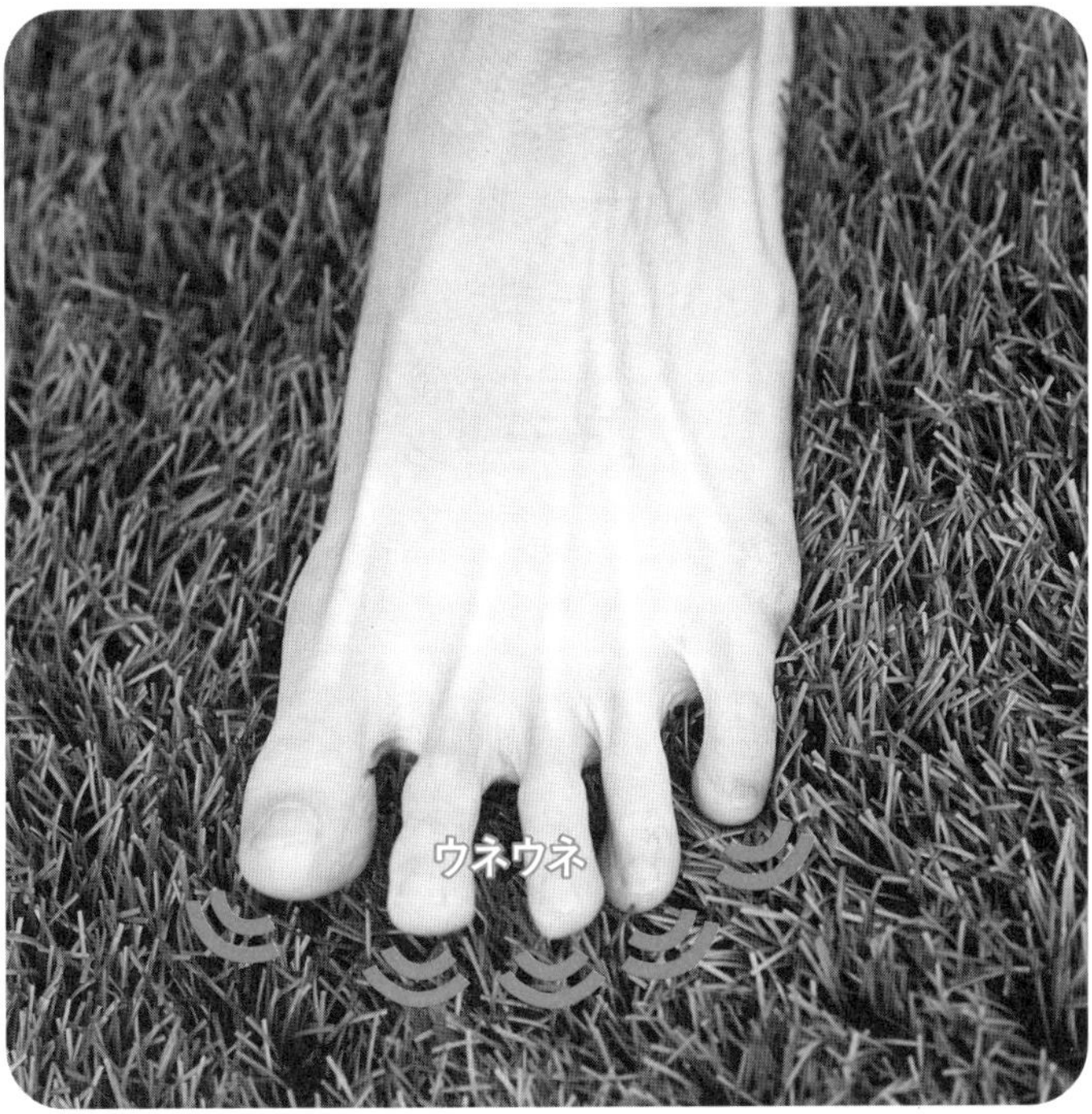

足指をそれぞれどれくらい
独立して動かせますか？
うまい選手はウネウネと動きます。

足指を使えばサッカーがうまくなる

サッカーは、ボールをゴールに入れる数を競うスポーツですが、ボールを操るのに使うのは足です。サッカーを経験している人なら、ボールの蹴り方、止め方、運び方など、さまざまな技術を学ぶと思います。

しかし、それだけたくさん使う足でも、足指について意識したり、何かを教わったりする人はあまりいないのではないでしょうか？

一対の足には骨が52個あります。これは、体全体の約1/4を占める数です。足は体の末端ですが、これだけの骨が集まるほど、人間にとって重要な部位だということです。そんな重要な部位が、サッカーに影響しないわけがないですよね。

急加速、急停止、急旋回などの「クイックネス」がある動きは、足指が生み出しています。

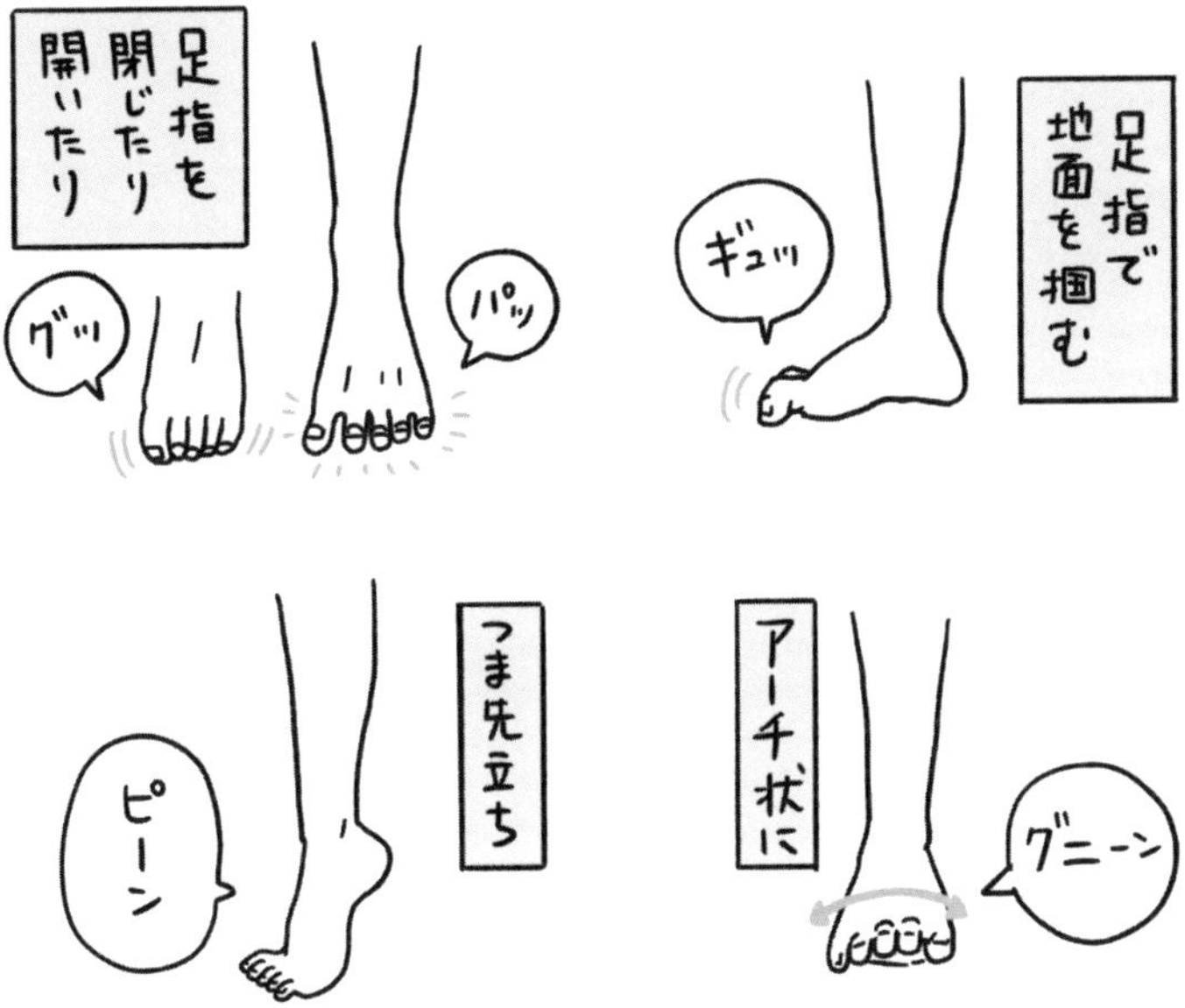

足指が曲がる、開く、アーチ状になる、つま先立ちができるなど、
足指を自在に操れることは、サッカーがうまい選手の条件です。

どうでしょう。「足指」に興味が出てきましたか？

本書では、足指がどのようにサッカーのプレーに影響するのか、どのように鍛えればサッカーのプレーがうまくなるのか、私の経験と最新の研究から解説しています。

少しでもサッカーがうまくなりたい。自分の選手をうまくさせたい。楽しくサッカーをプレーしたい。

そんな選手や指導者の助けになれば幸いです。

川勝良一

足指トレーニング
体験者の声！

拓殖大学
玉井朗監督

足指を鍛えたことで積極的なプレーが増えた

川勝さんにはテクニカルアドバイザーとして拓殖大学サッカー部に関わってもらっています。足指を鍛えることで、狭いスペースの中でも正確にボールをコントロールし、クイックネスを発揮して細かく動くことで、相手よりも一歩先を動き、中央から崩してシュートに持ち込む、という場面が明らかに増えました。

またゴール前だけではなく、ビルドアップの場面でも効果が出ています。自陣深い位置からプレスを受けて追い込まれる場面がありますが、その中でもロングボールに逃げずに、狭いスペースの中でしっかりとつないで、マイボールのまま攻め上がれるようになりました。

もっとも良い影響は、そうした積極的なプレーを、関東大学サッカーリーグの強豪校相手にもチャレンジできている点です。ミスを恐れず、縦パスを出して、前を向いて、ドリブルを仕掛けて、シュートを打つ。足指を鍛えたことによるテクニックの向上はもちろんのこと、そうした積極的なプレーを川勝さんが評価していることも、選手たちに自信を与えています。

1年生の時はとてもトップチームに絡むような実力ではなかった子が、川勝さんに鍛えられて実力と積極性を伸ばし、3年生になってレギュラーを奪う、という選手が毎年のように出てきます。足指が先か、チャレンジする意識が先かは人それぞれですが、間違いなく効果が出ている一面です。

足指が使えると世界が変わる

宮川大輔コーチ

足指が使えるようになると、大袈裟でなく、世界が変わると思います。体の動き、ボールコントロール、ピッチの状況把握。足指は末端の末端ですが、末端を変えれば体全体が変わります。成果が出るまでに少し時間はかかるかもしれませんが、それくらい大事な部位です。

強豪相手にも自分のプレーができるようになってきた

MF 安西晃輝

1年生のころから川勝さんのもとで下積みをして、2年生の後半からは下積みの成果が現れてきたと思います。関東大学リーグの強豪校相手にも、自分のプレーができるようになってきました。足指の取り組みはこれからも継続していきたいと思います。

疲れた中でも最後まで走り切れる

DF 関根大輝

試合中の足の運びがスムーズになったと感じています。サイドバックで試合に出ていて、試合中はスプリントの回数が多いのですが、体が疲れた中でも最後まで走り切ることができるようになりました。それと、加速力も感じます。走り出してからトップスピードに乗るまでがスムーズになりました。

プレーに余裕が出て点が取れるようになった

FW 三浦敏邦

自分はFWで、相手を背負ってボールを受けることが多いのですが、足指を鍛えるようになってからは体をぶつけられても簡単にバランスを崩さなくなりました。プレーに余裕が出てきて、ゴールとキーパーをしっかり見て冷静にコースを狙ってシュートを打てるようになって、点が取れるようになりました。

CONTENTS

はじめに 02
足指トレーニング体験者の声! 10

Chapter 1
クリエイティブな選手は足指がすごい!

Section01 クリエイティブな選手とは? 18
Section02 クリエイティブな選手の共通点 24
Section03 クリエイティブな日本人選手 30
Section04 クリエイティブな選手に必要なこと 34
Section05 クリエイティブを目指す足指の鍛え方 42
Section06 フィットネス、クイックネス、クリエイティブの関わり 48

Chapter 2
足指を鍛えるトレーニング

Section01 なぜ足指なのか? 54
Section02 サッカーにおける足指 60
Section03 足指を自在に操るトレーニング 68
親指乗せ 70

	中指3本曲げ	72
	5本指の引きつけ	74
	ウェーブ	76
	オープンキャッチ	78
	片足カーフレイズ	80
	小指踏ん張り	82
Section04	**ユニークテクニックを身につける実戦練習**	84
	片足キャッチボール	86
	アウトサイドトラップ	88
	インサイドトラップ(親指トラップ)	90
	ジャンクション・トラップ	92
	背面トラップ	94
	ボールの引きつけ	96
	リフティングパス	98
	インサイドパス	100
	インフロントパス	102
	アウトサイドパス	104
	縦アウトサイドパス	106
	持つドリブル	108
Column	**選手にはリアリティを求め 指導者は具体的な指示を出す**	110

CONTENTS

Chapter 3
足指を使った トラップ、キック、動き

Section01	一流選手の足指はリラックスしているのか?	112
Section02	足指でトラップするとボール扱いから解放される	114
Section03	足指を使えばインフロントキックは自由自在	118
Section04	足指を地面に刺して動く	122
Section05	足指をうまく使えていないとどうなる?	126
Section06	「足指」を鍛えてクリエイティブを育む	130

Chapter 4
足指を操る実戦メニュー

MENU #01	ボール鬼	136
MENU #02	股抜き合戦	137
MENU #03	背中合わせドリブル	138
MENU #04	逃げドリブル	139
MENU #05	ボール2個対面パス	140
MENU #06	移動対面パス	141

MENU #07 コーンパス 142
MENU #08 頭越しリフティング 143
MENU #09 ボール2個リフティング 144
MENU #10 頭当てリフティング 145
MENU #11 対面パス 146
MENU #12 四角パス 148
MENU #13 グループパス 150
MENU #14 グループパス+1 152
MENU #15 3対1ロンド 154
MENU #16 2対2+4ロンド 156
MENU #17 コンビネーションシュート 158
MENU #18 コンビネーションシュート（2対2） 160
MENU #19 不着シュート 162

Chapter 5
拓殖大学サッカー部「足指」特別座談会
強豪相手でも自分のプレーができるようになった 164

終わりに 172

参考文献

倉 幹男『【痛み 疲れ しびれ解消】足の小指を動かせば一生歩ける』（池田書店、2021年）
加辺 憲人『理学療法科学 18 (1), 41-48, 2003 特集 足趾の機能』（2003年）

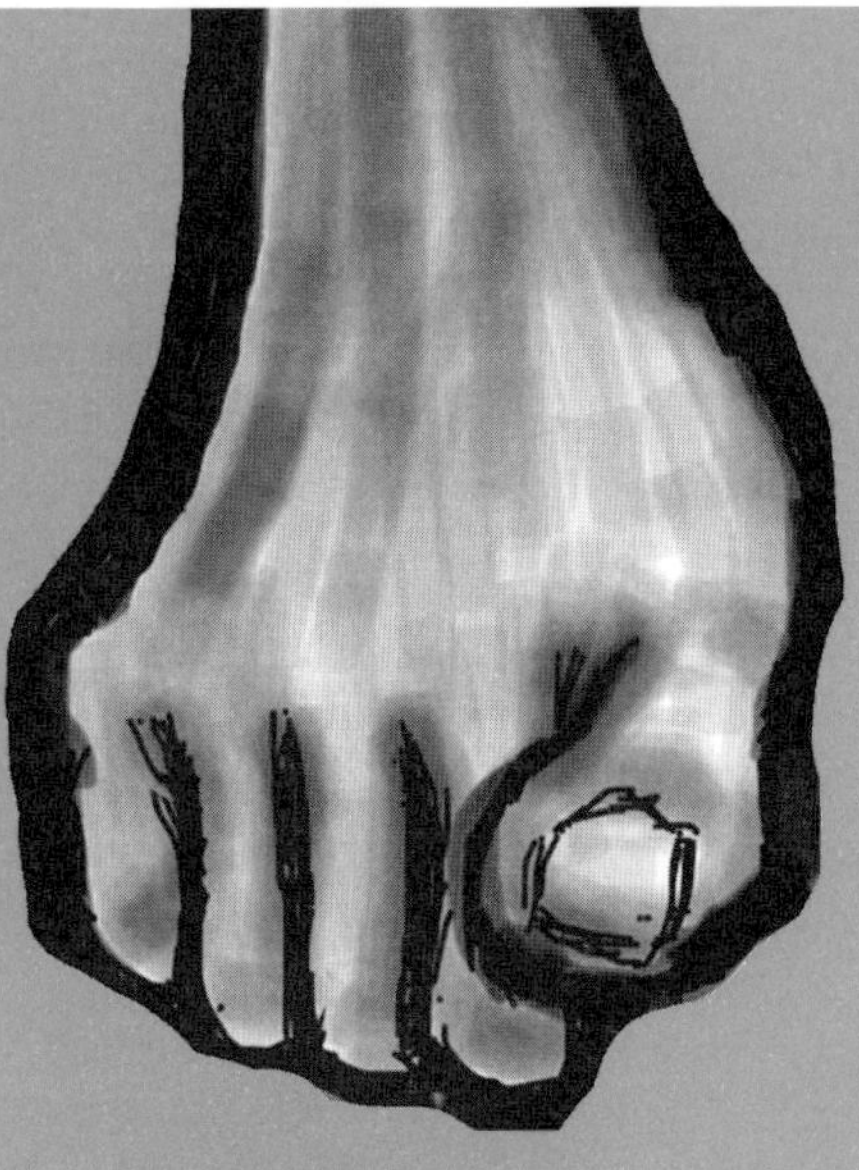

Chapter 1
クリエイティブな選手は足指がすごい！

足指は人間にとってとても重要な部位です。
では、サッカーにはどのように関わってくるのか？
キーワードは「クリエイティブ」。
「クリエイティブな選手」の定義とともに、
足指がどのように関わるのか、見てみましょう。

Section

01

クリエイティブな選手とは?

いつの時代もサッカーで求められるのは、「クリエイティブな選手」です。
では、クリエイティブな選手とは、どんな選手なのでしょうか?
まずはクリエイティブの定義を確認しましょう。

クリエイティブな選手とは?

クリエイティブな選手と言われた時、みなさんはどんな選手をイメージしますか? ノールックパスを出すロナウジーニョ、精密なパスを繰り出すチアゴ・アルカンタラ、変幻自在なボールコントロールを見せるルカ・モドリッチ、などでしょうか。

たしかに彼らは、**間違いなくクリエイティブな選手たちです**。彼らが生み出す創造的なプレーは、見ている私たちをワクワクさせてくれます。サッカーの中でもっとも華やかなプレーであり、チームにとって有益で、相手にとっては嫌なプレーです。何が最適なプレーなのかを判断して実行しています。

サッカーはどんな場面でもクリエイティビティを発揮できる

また、サッカーの創造性とは、攻撃だけに必要なものではありません。**攻撃でも守備でも、いやどんな場面においても、サッカーは創造性を発揮できるスポーツなのです。**

カンテやカゼミロのような守備の選手も「クリエイティブな選手」と言えます。なぜなら、ピッチの中で最適なプレーを選択することが、サッカーにおけるクリエイティビティ(創造性)だからです。カンテやカゼミロは、守備の局面で、スペースにとどまるべきなのか、タックルを仕掛けるべきなのか、パスカットを狙うべきなのかを、的確に判断しているということです。

サッカーにおける「クリエイティブ」とは、攻撃だけでなく、守備の場面でも求められる要素です。

無数の局面に対応するために創造性が必要になる

サッカーはカテゴリーが上がれば上がるほど、さまざまな局面が発生します。数的不利で守る場面、カウンターで素早く攻める場面、ポゼッションしながら守備ブロックを崩す場面など、パターンは無限にあるでしょう。また当然、スピードと強度も上がります。無数に発生する局面の中で的確な判断を下すためには、創造性が欠かせません。

どんな局面でも、どんなに追い込まれても、どんなスピードでもプレーを成功させるのが、メッシやカゼミロです。2人は違うタイプの選手かもしれませんが、**体全体、足の部位すべてを使ってプレーを成功させるという点が共通しています。**

フリーだ!!
どんなプレーをしよう?
相手が寄せてきてる!!
どうすればいいかな?
数的不利だ!!
どう守る?

サッカーで起こる無数の局面に対応するためには、クリエイティブな発想とプレーが欠かせません。

クリエイティブな選手のタイプ

クリエイティブな選手は、いくつかのタイプに分けることができます。まず、**常に安定して同じパフォーマンスを発揮する選手**。メッシ、サラー、エムバペのような選手たちですね。彼らはボールを奪われることが少ないため、チーム全体が安心してラインを上げることができます。安定感があるからこそ信頼感が生まれているのでしょう。

次に、**職人的なプレーで観客を唸らせる選手**。カゼミロ、カンテ、ブスケツなどです。派手なプレーは少ないかもしれませんが、試合の状況を的確に読み取り、「ここぞ」という場面でボールを奪取するなど、決定的な仕事を果たすことができます。

メッシ、サラー、カンテ、ブスケツ。プレースタイルはまるで違う4人ですが、「クリエイティブな選手」であることは共通しています。

体

全体を使って自分のプレーを表現している

彼らのプレーは、見ている人に「うまい！」と思わせることができます。「うまい！」の種類はそれぞれ違いますが、数ある選択肢の中から的確なプレーを選択している点は同じです。こういった選択ができることが、「クリエイティブな選手である」と私は考えています。

彼らのプレーを見ていると、体全体を使って自分のプレーを表現しているように見えます。**私は特に、足指の動きに注目しました**。試合中はスパイクを履いて見えませんが、足は人の体を支える大事な部分。足指は、人の動きを支える重要な部位です。しかし、サッカーで「足指」に言及している人は少ないのではないでしょうか。

見ている人に「うまい」と思わせるのは、それぞれの局面で的確なプレーを選択しているからです。

ク　イックネスとフィットネスのために足指を鍛える

クリエイティブな選手たちが共通して持っているのが、「**クイックネス**（**俊敏性**）」と「**フィットネス**（**適合性**）」です。そして、この2つを向上させるために必要なのが「**足指力**」です。

足指を横に大きく広げたり、手の指先のように自在にやわらかく動かしたりすることで、体を支える力がつき、バランス感覚が向上します。押されても倒れない、走っていてもぶれない体が、自分の意識を「ボールを扱うこと」から解放し、周囲の状況を把握するために意識を向けることができます。

私は、クリエイティブな選手たちは、足指の力が優れていると考え、指導に取り入れています。

一流選手の足指は、大きく開く、自在に動く、しっかり曲がる、などの特徴があります。クイックネスとフィットネスについては、P42で詳しく解説します。

Section
02
クリエイティブな選手の共通点

クリエイティブな選手には、3つの共通点があります。
「フレキシブル」で、「トリッキー」なプレーができること、
「オリジナリティ」を持っていること、という3つです。
それぞれの意味を考えてみましょう。

足指が支えることで体を目一杯伸ばすことができる

まず、「**フレキシブル**」について解説します。フレキシブルな選手とは、体の動きやボール扱いが、しなやかでスムーズな選手のことです。例えばカゼミロ、カンテのような選手は、主に守備面で「うまい」と思わせることができる選手です。

彼らの特徴は、足を伸ばして相手選手の懐にあるボールを奪うこと。その様子を見ると、足だけでなく、体全体を目一杯伸ばしてボールに向かっています。足と一緒に腕も伸び切っていることも少なくありません。

体を目一杯伸ばす時に必要なのが、足指の力なのです。タックルで足を伸ばす時に、支えとなる方の足指でしっかりと地面を掴むことで、パワーを持ったタックルができます。

し　なやかでスムーズな状態をフレキシブルという

守備面に特徴のある選手たちは、ボールを持った時のプレーも上手です。ドリブルで2、3人を抜き去る、決定的なスルーパスを供給するといったことはできないかもしれませんが、チームの攻撃時にボール回しに加わる程度なら何の違和感もありません。彼らのクリエイティブな能力を、攻撃面でも発揮しているからです。そしてそれができるのは、体全体を上手に使って、ボール扱いから解放されているからです。

彼らのように、**体の動きもボール扱いも、しなやかでスムーズな選手は、フレキシブルな選手であると言えるでしょう。**

体を目一杯伸ばして相手のボールを奪うという、カゼミロの守備のプレーは、軸足と足指がしっかりと体を支えているからできるプレーです。

ト リッキーなプレーを実現させる足指の力

次に、「**トリッキー**」な選手です。トリッキーな選手は、主にボールを持っている時に自分の特徴を発揮します。

トリッキーな選手とは、プレーに意外性があり、観客を楽しませる選手たちです。彼らは激しい緩急をつけたプレーで、見る人に驚きを与えます。その際に必要なのが、急加速、急停止、急旋回を行う「クイックネス」です。

リシャルリソン、ラフィーニャといった選手のフェイントや切り返しは鋭角で、相手選手の対応を難しくさせます。彼らの急激な方向転換を可能にしているのは、クイックネスの能力。**クイックネスをもたらしているのが、足指の力なのです**。

「トリッキー」なプレーは、見る人がもっともわかりやすい要素です。トリッキーなプレーを支えているのは、足指によるクイックネスな動きです。

ほかにも例えば、足の裏を使ってボールを引くプレー。確実にボールを引き寄せるためには、足指を使ってボールを掴むイメージでボールを引っかけます。スパイクを履けば指の力は関係ないように見えますが、ボールにかかる力は、足指に力が入ることで変わります。

ボールを引くプレーは、特にブラジル人選手が得意としていて、ヴィニシウスやネイマールなどが多用しています。素早く自分の間合いにボールを寄せることができるため、相手選手はボールを奪いにくくなります。

切り返しやボールを引くプレーは、あくまでトリッキーなプレーの一例ですが、**足指が鍛えられているという点は、トリッキーな選手全員に共通しています。**

足指の扱いは、ボールを足の裏で扱う時など、実際のプレーに直結することもあります。

予測困難なオリジナリティあるプレー

最後は「**オリジナリティ**」あるプレーです。「トリッキー」なプレーとも似ていますが、さらに予測がつかないプレーと言えます。昔、ロナウジーニョが試合中に背中でパスを出したことがあります。あのようなプレーは「オリジナリティ」あるプレーの最たる例で、ロナウジーニョはオリジナリティある選手の筆頭です。独特な発想があり、その発想を実現させるだけの力があります。

他にも例えば、地面にあるボールをふわりと浮かせて、相手の頭上を越してかわす「シャペウ」という技術。技術的な難易度もさることながら、かわした先で奪われる心配がないかなど、状況判断能力も必要です。

「オリジナリティ」のあるプレーは、そのプレーの次に何が起こるのかまで予測していないとできません。一見奇抜に見えるプレーも、実は非常に論理的なのです。

予備動作が少ないため相手選手も対応が難しい

ネイマールやロナウジーニョのような選手のプレーは、相対している選手も、見ている観客も、予測するのが難しいでしょう。彼らのプレーは、上半身、太もも、膝、足首などをほとんど動かさない中で、足指の先だけでボールを触ったり蹴ったりしています。予備動作がほとんどないために、どの方向にボールが行くのかわからないということです。

オリジナリティのあるプレーは、そのプレーだけに注目がいきがちですが、**予備動作が少ないために予測がつきにくいのです**。足指を鍛えれば、少ない予備動作でプレーすることができます。

予備動作を少なくしてプレーするためには、足指によって体を支える、細かくプレーを変える、などの要素が必要です。

Section

03

クリエイティブな日本人選手

**クリエイティブな選手は、海外の選手ばかりではありません。
日本人にもクリエイティブな選手はたくさんいます。
ここでは私が考えるクリエイティブな日本人選手を紹介します。**

小 野伸二は見る人の予想を超えるプレーができる

日本人でクリエイティブな選手の代表と言えば、小野伸二、松井大輔、中村俊輔、現在の日本代表だと鎌田大地でしょうか。

まず小野は、トリッキーな選手です。シンプルなプレーも選択できるし、シンプルなプレーをしそうな状況で突然予想外のプレーを選択することもできます。**どちらのプレーも同じようなフォームでできるため、見る人の予想を超えるプレーができるのです**。

例えばキックでは、同じキックフォームで別々の方向に蹴り分けることができます。キックの最後の瞬間に、足先だけで蹴る方向を変えられている証拠です。

足指にボールを当ててボールの勢いを吸収する

小野の最大の特徴は、ボールタッチのやわらかさ。小野の足から出されるパスは、オランダでは「ベルベットパス」と呼ばれ、肌触りの良い織物に例えられています。ボールを蹴る音がしないのでは？　と思ってしまうぐらいやわらかいですよね。

数年前、ＳＮＳで「#小野伸二チャレンジ」というハッシュタグが流行しました。手でボールを思いきり真下に投げ、足に吸いつくようにピタッと止める、というチャレンジです。

これも大事なのは、**ボールが触れる足指です**。ボールの軌道を予測し、足指の部分をボールに正確に当てることで、ボールの勢いを吸収することができるのです。

松井大輔の足指力はドリブルからもキックからも感じられる

松井大輔は、**立ち姿が美しい選手です**。体の線がまっすぐで、走っても姿勢が崩れません。ボールを持っている時は、相手が自分に近づいてきても慌てることがなく、ギリギリまで引き寄せてから足指でかわすことができます。

また、**キックにも足指力を感じられます**。ワールドカップ南アフリカ大会のカメルーン戦では、変化しやすいジャブラニという大会公式球でも、正確なクロスを供給しアシストを記録しました。

ベテランになっても足指力は衰えず、２０２２年には華麗なチップキックを決めています。かつて所属したフランスのクラブで「ル・マンの太陽」と呼ばれ親しまれたのも納得です。

中村俊輔はＦＫでプレーキャンセルができる

中村俊輔は、ＦＫでプレーキャンセルができる特異な選手です。セルティック時代に欧州チャンピオンズリーグの舞台で、マンチェスター・ユナイテッドを相手にＦＫで２度ゴールを奪ったことは、今でも現地サポーターの語り草です。

これは中村本人から聞いた話ですが、**ＦＫではボールを蹴る最後の一歩で、ゴールキーパーの動きを見てから蹴る方向を決めるそうです**。ギリギリでプランを変えられる選手は、足指の先まで神経を尖らせ、ボールを今まさに蹴ろうとしている瞬間でもプレーを変更できます。そうした判断力と、それを裏付ける足指の力が、数々のＦＫを生み出してきたというわけです。

キックの直前ギリギリで判断を変えられる選手はなかなかいません。中村俊輔は、稀有な足指力を持っています。

鎌田大地は密集した状況の中でもストレスを感じずにプレーできる

鎌田大地は、安定感のある選手と言えるでしょう。前線の密集した中でも、ストレスを感じずにプレーできる選手です。

密集でボールを受ける選手には、密集に入りながら受けるタイプと、あらかじめ密集の中で待って受けるタイプの2種類がいます。鎌田は密集の中で待って受けられるタイプです。

鎌田の特徴は、密集で待っている時にマークをわずかに外すタイミングを持っていることです。相手の影に隠れておいて、味方がパスを出せる瞬間に1、2歩パッと動いて顔を出す。クイックネスが発揮される場面ですね。

鎌田はボールと相手を同時に見ながら、一瞬の隙をついてクイックネスを発揮し、密集の中でボールを受けることができます。

Section

04

クリエイティブな選手に必要なこと

クリエイティブな選手に必要な要素は、器用であること。器用とは、ボール扱いはもちろんのこと、頭の発想も柔軟であることが求められます。

技術はもちろん頭の器用さも求められる

ここまでクリエイティブな選手の特徴や共通点を述べてきました。ではクリエイティブな選手になるためには、どんなことが必要なのでしょうか？**ひとつは器用であることです**。ボール扱いはもちろん、常識にとらわれない考え方ができることも「器用であること」の条件です。サッカーは相手がいて、常に状況が変わるスポーツ。ボールを受ける前にはパスが正解だった局面が、受けた時にはドリブルが最適解になっている、ということも多いでしょう。

局面に合わせて適切に判断し、相手の裏をかいて、チームを勝利に導ける選手が、クリエイティブな選手に必要な器用さです。

後出しじゃんけんで相手の逆をとる

もちろん「器用さ」の中には、ボールを扱う物理的な器用さも含まれます。同じフォームでも、足指だけで蹴る方向を変えたり、足指で微妙にドリブルの方向を調整したり、軸足で長く立つことで相手の逆を取ったりする技術です。

　これらの技術は、相手のアクションを見てから自分のプレーを変える、いわば「**後出しじゃんけん**」のようなもの。振りかぶってキックフォームに入り、蹴るまでの間に相手が動いたら、ボールを蹴る寸前のところで判断を変え、足指で蹴る方向を変えます。こうした器用さを身につけるためにも、足指の力が必要なのです。

後出しジャンケンをすれば誰でも勝てるように、サッカーでも後出しジャンケンをして相手の裏をかくことで、クリエイティブなプレーを発揮することができます。

器用さは体の負担も減らし相手にも読まれにくい

足と頭の器用さが身につくと、フィジカル面の負担も減らすことができます。サッカーはレベルやカテゴリーが上がれば、プレー強度やスピードも上がります。そんな中でも、足指を鍛えておけば、**足先だけの小さい動きでプレーができるので、体全体の負担を減らすことができるのです**。

もちろんカゼミロの守備のように、体全体を大きく使ってプレーする場面もありますが、ボールを持っている局面では小さなプレーと使い分けることが必要です。そうしたプレーは、相手にも読まれにくくなり、自分たちが能動的にプレーできるため、あらゆる負担が減っていきます。

同じコースを走っているように見えても、器用に効率的に動くことで、体の負担を軽減することができます。

後出しじゃんけんでできた余裕がクリエイティブなプレーを生む

日本サッカーでは、どんな状況でも全身をボールの方に向けて、全身を使ってプレーしようという指導をよく見かけます。しかしそれでは、自分がどんなプレーをしようとしているのか、相手にバレバレですよね。

私はそうではなく、**足指を使ってプレーをすることで後出しジャンケンをして、相手の逆を突いて、主導権を握るようなプレーをするよう指導しています**。そうしてできた余裕が、フレキシブルな状態を作り、トリッキーなプレーを可能にし、オリジナリティのある発想を生みます。クリエイティブな選手はこのように育っていくのです。

後出しジャンケンでできる余裕は、相手と駆け引きをして逆をつくために必要な要素。その余裕が、クリエイティブなプレーを生みます。

狭いスペースと短い時間の中でクリエイティビティが求められる

サッカーは時代とともにどんどんスペースが狭くなり、プレースピードも上がってきています。動画投稿サイトなどで、過去の試合を見てみてください。20～30年も前になれば、ルールもまったく違えば、スピード感も現在とは比べものになりません。特にこの10年間の進化はすさまじいものがあります。

そんな中でもフレキシブル、トリッキー、オリジナリティを発揮して、クリエイティブな選手でいることが求められます。そのためには、判断のスピードを上げることが重要です。**ボールをもらう前に判断して、もらった瞬間にはプレーに移し、そのプレーで「うまい！」と思わせるのです。**

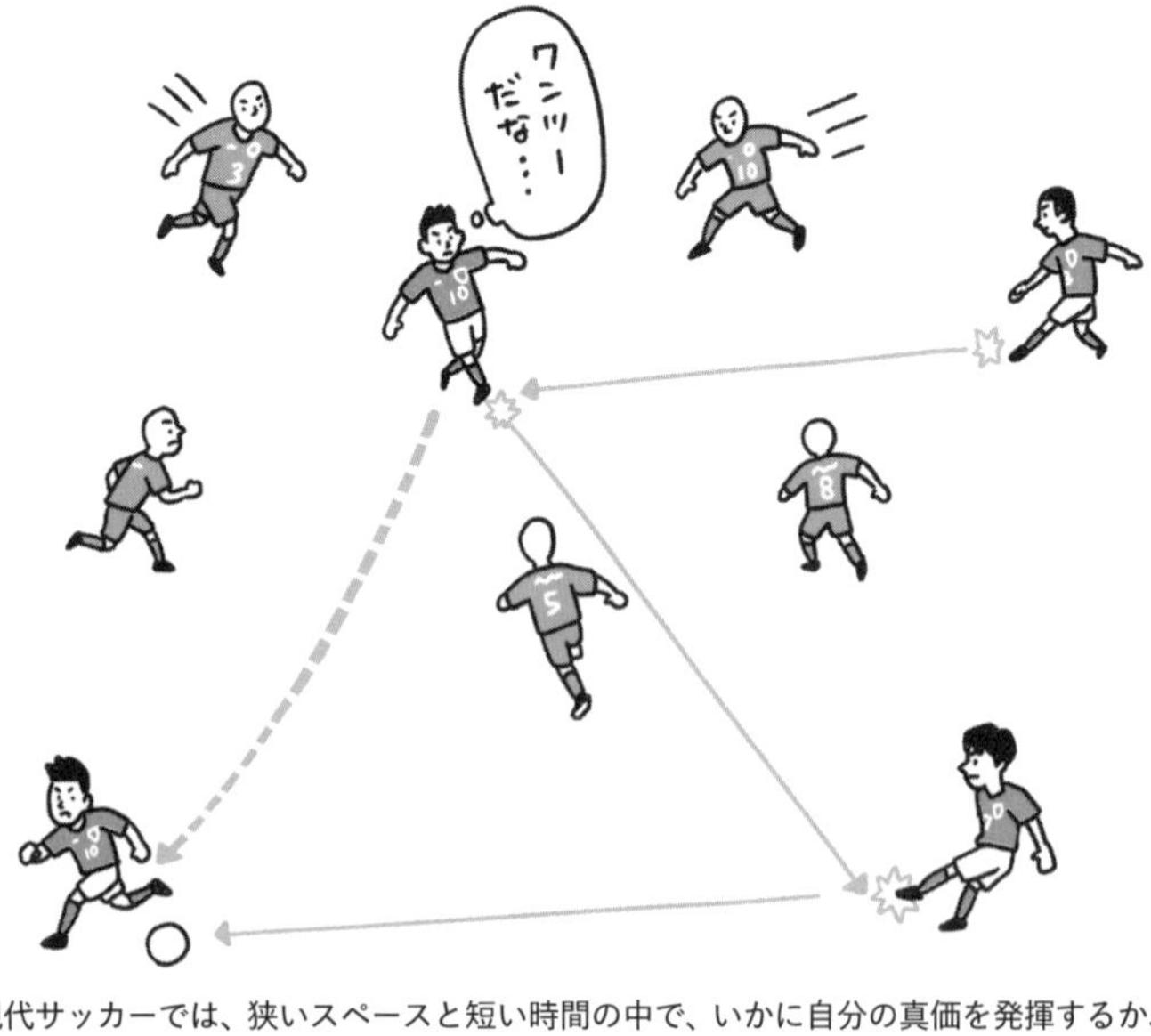

現代サッカーでは、狭いスペースと短い時間の中で、いかに自分の真価を発揮するか、ということが求められています。

生まれつきのテクニシャンはいない テクニックは後から身につく

「そんな狭いスペースで発揮できる技術なんて天才のものだよ」、「技術は持って生まれたものだから、後から身につけることはできない」という考え方になってしまってはいけません。私は「生まれつきのテクニシャンはいない」と考えています。プロに入ってからポジションを変え、プレースタイルを変え、技術を向上させ、ワールドクラスになった選手はたくさんいるからです。

私が指導する拓殖大学サッカー部では、足指の力を鍛え、「**クイックネス**」と「**フィットネス**」という2つのフィジカル要素を向上させることで、クリエイティブな選手が育ち始めています。

クリエイティブなテクニックは、選手の意欲さえあれば後から身につけることができます。足指を鍛えてクリエイティブな選手を目指しましょう。

ボールを操る器用さと頭の柔軟性をセットで考える

器用さには頭の柔軟性も含まれると述べました。頭の柔軟性が身につくことで、狭いスペースや短い時間でも、あらゆる選択肢を持つことができます。これは**ボールを操る器用さと頭の柔軟性の器用さをセットで身につけていかないと、実際の試合の中では実行に結びつきません**。どちらが先という考えではなく、器用さとはセットになっているものだと理解しましょう。

サッカーでは、判断が先にあって実行に移すことがほとんどです。そこに頭の器用さが身についてくると、直前での判断変更などが習慣づいてきます。

足指を鍛えて身につく器用さは、頭の器用さ（柔軟性）も、足先の物理的な器用さも、どちらも含みます。

サッカーは自由なスポーツ 発想も自由

私は現役時代、アウトサイドキックを多用していました。サッカーを始めた当時、友だちから「なんだその変なキック」と言われましたが、指導者は「そのキックいいね！」と褒めてくれました。褒められたことで、キックに決まった型がなく、自由な蹴り方で蹴っていいんだ、サッカーは自由なスポーツなんだと教えられたような気がします。

時が経って私も指導の現場に立つようになりました。当時の指導者と同じように、選手たちには自由な発想やクリエイティブなプレーを求めています。もちろん土台となる技術や足指の力は基礎として指導しますが、基礎の上に乗る発想は、選手の自由なのです。

私が少年時代にアウトサイドキックを否定されていたら、今のような考え方はなかったかもしれません。

Section

05

クリエイティブを目指す足指の鍛え方

クリエイティブな選手の基礎となるのが、フィットネスとクイックネス。その2つを形成するのが、足指の力です。それぞれの定義と鍛え方を見ていきます。

どんな状況でもどんな局面でもあらゆる方向に動き出せる状態

フィットネスとは、「もっとも望ましい状態であること」という意味。**サッカーにおいてもっとも望ましい状態とは、何かのアクションを起こす時に素早く動き出せる状態です**。どんな状況でも、どんな局面でも、どんな時間帯でも、あらゆる方向に一瞬で動き出せる状態が、サッカーにおいてもっとも理想的な状態です。リラックスしている状態とも言えます。

陸上競技の選手は、短距離走のスタートの時に全身の力を抜き、最初の数歩で一気に加速するようです。全身の力を抜いて0（ゼロ）の状態にし、0から一気に100に持っていくことで、スタートダッシュを生み出します。

フィットネスを作り出すのが足指の力

反対に体が力んでいると、一歩目が遅くなります。体や足に力が入って踏ん張った状態では、足がスムーズに出てきません。

特にサッカーは陸上競技と違い、ボールを相手が持っていたり、イレギュラーにバウンドしたりして予測できないため、走り出す方向は決まっていません。体が力んだ状態だと、そういったイレギュラーな状況に対応できず、相手に先を取られてしまうでしょう。

フィットネスを作り出すのも、足指の力です。リラックスしている時には足指の力を抜き、走り出す瞬間に地面をぐっと掴んで、一気に加速するのです。

リラックスした状態から、突然ギアを上げる、どこにでも行ける、どんなプレーでもできる、という状態を作ることが大切です。

短い時間と狭いスペースの中で動きを変化させる力

次にクイックネスについて説明していきましょう。**クイックネスとは、俊敏性、素早い動き、狭いスペースの中で機敏に動くことを指します。**

急加速、急停止、急旋回など、短い時間と狭いスペースの中で、動きを変化させられるのが理想です。いわゆる〝キレのある動き〟ですね。

クイックネスは、ただ足が速いだけではありません。たとえ100mを誰よりも速く走れるとしても、サッカーの試合の中で急加速、急停止、急旋回ができなければ、クイックネスがあるとは言えません。サッカーでは、100mを走る場面はほとんどなく、スペースも時間もない中での速さが求められるからです。

急加速、急停止、急旋回ができる力を「クイックネス」と呼びます。体だけでなく、ボールと一緒に動くことが重要です。

緩急の使い分けがクイックネス

クイックネスが特に役立つのは、ドリブルです。フィーゴのように、足が速いわけでもないのにスルスルとドリブルで突破できるのは、クイックネスを駆使した緩急で相手を揺さぶっているからです。人間の目は、ずっと速いだけのスピードには徐々に慣れていきますが、**速いところから急に遅くなったり、急に止まったりすると、対応するのが難しくなります**。

リシャルリソンやラフィーニャのキレのあるドリブルも、クイックネスを駆使した例のひとつです。彼らの鋭い切り返しは、足首と足指を利用したクイックネス能力で成り立っています。

速く動くだけでなく、いきなりトップスピードに乗る、トップスピードから急停止する、といった緩急で相手を揺さぶります。

試合中の意識をボール扱いから解放する

では、どうすればクイックネスとフィットネスが身につくのでしょうか？　それがここまで述べてきた「足指の力」なのです。本書では、足指を大きく開く、第一関節から曲げる、アーチを作るなど、**足指を自在に操れるようになることを「足指の力」と定義しています**。

足指の力が向上すれば、ダッシュや旋回の際に地面を掴む、足の裏でボールを引く際にガッチリ掴む、タックルを受けた際に倒れずに踏ん張るといった、クイックネスとフィットネスが求められる場面で役立ちます。また、踏ん張り方や掴み方がわかれば、反対に力の抜き方も身につきます。力を抜いている状態は、まさにリラックスして、

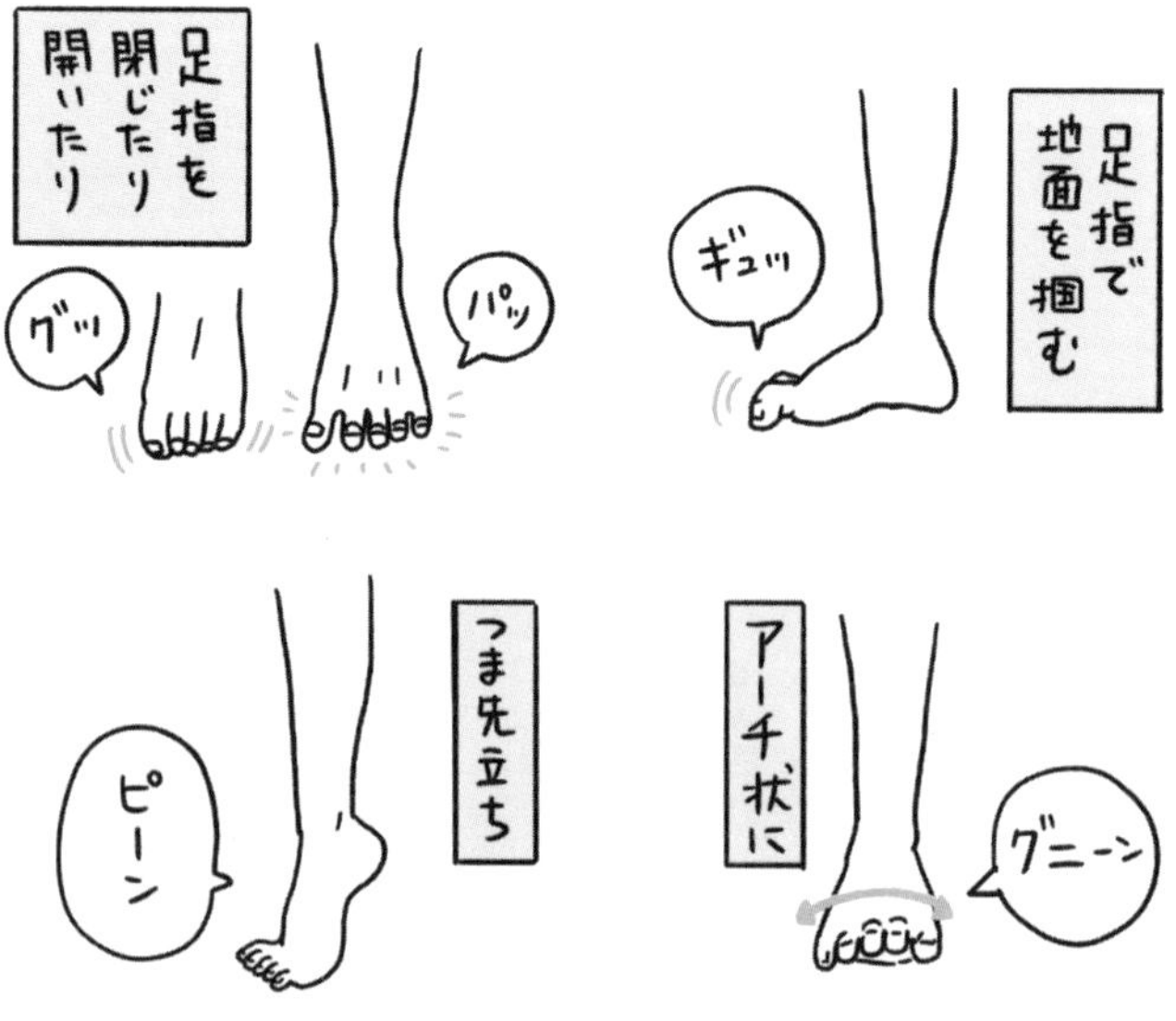

フィットネスとクイックネスは、鍛えられた足指がもたらします。「鍛える」とは、足指を自由に動かせるようにすることです。

フィットネスが高まっている状態と言えます。

フィットネスを高められると、アクションを起こす際の一歩目が速くなり（クイックネスが向上し）、急加速ができるようになります。走っている中での急旋回や急停止では、足指に力を入れて踏ん張ることが再び必要になる、というわけです。

フィットネスとクイックネスは、クリエイティブなプレーを形作る土台です。逆に言えば、この2つがなければ、クリエイティブな選手になれる可能性は低いでしょう。リラックスして、なんでもできる状態から、急加速、急停止、急旋回をする能力が、ボールを持った際に相手に動きを読まれにくい選手につながり、クリエイティブな選手へとつながっていくということです。

サッカーでは、常に「なんでもできる」状態でいることが重要です。「なんでもできる」状態は、足指が作りだします。

Section

06

フィットネス、クイックネス、クリエイティブの関わり

クリエイティブを形作る土台が、フィットネスとクイックネスです。ではこの2つは、クリエイティブなプレーにどのようにつながるのか？具体的に見ていきましょう。

フィットネスとクイックネスで情報収集の仕方が変わる

フィットネスとクイックネスがあれば、情報収集の仕方も変わってきます。**ボールタッチがやわらかくなり、いつでも、どのような状況でも迅速に動けるようになることで、あまり多くの情報を必要としなくなります。**

サッカーはGKとフィールドプレーヤーの22人が絶え間なく動くスポーツですが、全員の動きを詳細に把握するのは不可能です。無理に情報を集めようとしすぎると、情報過多になってしまい、シンプルな選択ができなくなる可能性もあります。

例えば「右と後ろから敵が来ていて右前には味方のマークがいて正面の味方はフリーになっていて……」と考え出すと、きりがありません。

リラックスしてボールを失わない状態を作る

情報過多を招いている原因のひとつが、「首を振れ」という指示だと私は考えます。過去に「中田英寿が試合中に何回首を振っていた」という特集番組が組まれたことで、「首を振れ」という指導が浸透しました。しかし、彼の首振りはあくまで周囲の情報を集めるための手段。すべての状況を把握しようとしているわけではないのです。

いつ自分の元へボールが届くのか、わからないのがサッカーです。時には敵からボールがこぼれてきたりします。**最低限の情報収集に留めて、いつでもなんにでも対応できるように、リラックスした状態をキープをしておく方が、突然ボールがきた時にも素早く対応できます。**

必要な時に必要な分だけ情報を集めれば、クリエイティブなプレーを十分に発揮できます。

相手に情報を与えず騙すことでプレーの成功率を上げる

首振りには一長一短があります。首を振る様子を見せることで、相手に「こっちを見たな」という情報も一緒に与えているため、先のプレーが読まれる原因になります。何度も首を振れば、迷っていることが伝わってしまうかもしれません。

最小限の動きでちらっと見て、リラックスした状態でボールを待つ。**相手に情報を与えず騙すことで、プレーの成功率を上げることができます。**

一方で、ボールを持っている自分に飛び込んでくる相手はしっかり見ることが大事です。相手がどんなスピードでどんな寄せ方をしてくるのか見ることで、後出しジャンケンで対応することができます。

キョロキョロ
あいつ めっちゃこっち 見てるから パス出すな・・・

自分のプレーを相手に読ませないことも、「クリエイティブなプレー」の重要な要素です。

足指を鍛えることでクイックネスとフィットネスを兼ね備える

後出しジャンケンを身につけるには、フィットネスとクイックネスが必要です。相手のボールの持ち方やポジショニングなどに合わせて、逆を取れるようになるからです。

ここまでフィットネスとクイックネスの重要性について語ってきました。ではどうやって2つを兼ね備えるのか？　そこで必要になるのが、**足指を鍛えること**です。パッと一歩速く足を出せるようになったり、急に止まったり急に旋回したり、軸足で粘り強く立って判断を変えたり、やわらかいボールタッチを生んだり……。そのすべては、足指の力を鍛えることで可能になるのです。

一見関係がないように思えるかもしれませんが、足指を鍛えることでボール扱いが器用になり、試合中にボールに集中する必要がなくなるので、クリエイティブなプレーが生まれるのです。

足指を鍛えることでクリエイティブな選手になる

ここで「クリエイティブな選手」を改めて整理しましょう。クリエイティブな選手は、フレキシブル、トリッキー、オリジナリティの3種類に分かれます。どのタイプでも共通している特徴が、フィットネスとクイックネスが高いことです。どんな状況でも対応できる状態を作り（フィットネス）、急加速、急停止、急旋回といった動きを駆使して（クイックネス）、相手を上回ります。そして、フィットネスとクイックネスを生み出しているのが、足指の力です。

2章以降では具体的なトレーニングメニューも掲載し、「クリエイティブ」をより深掘りして解説します。

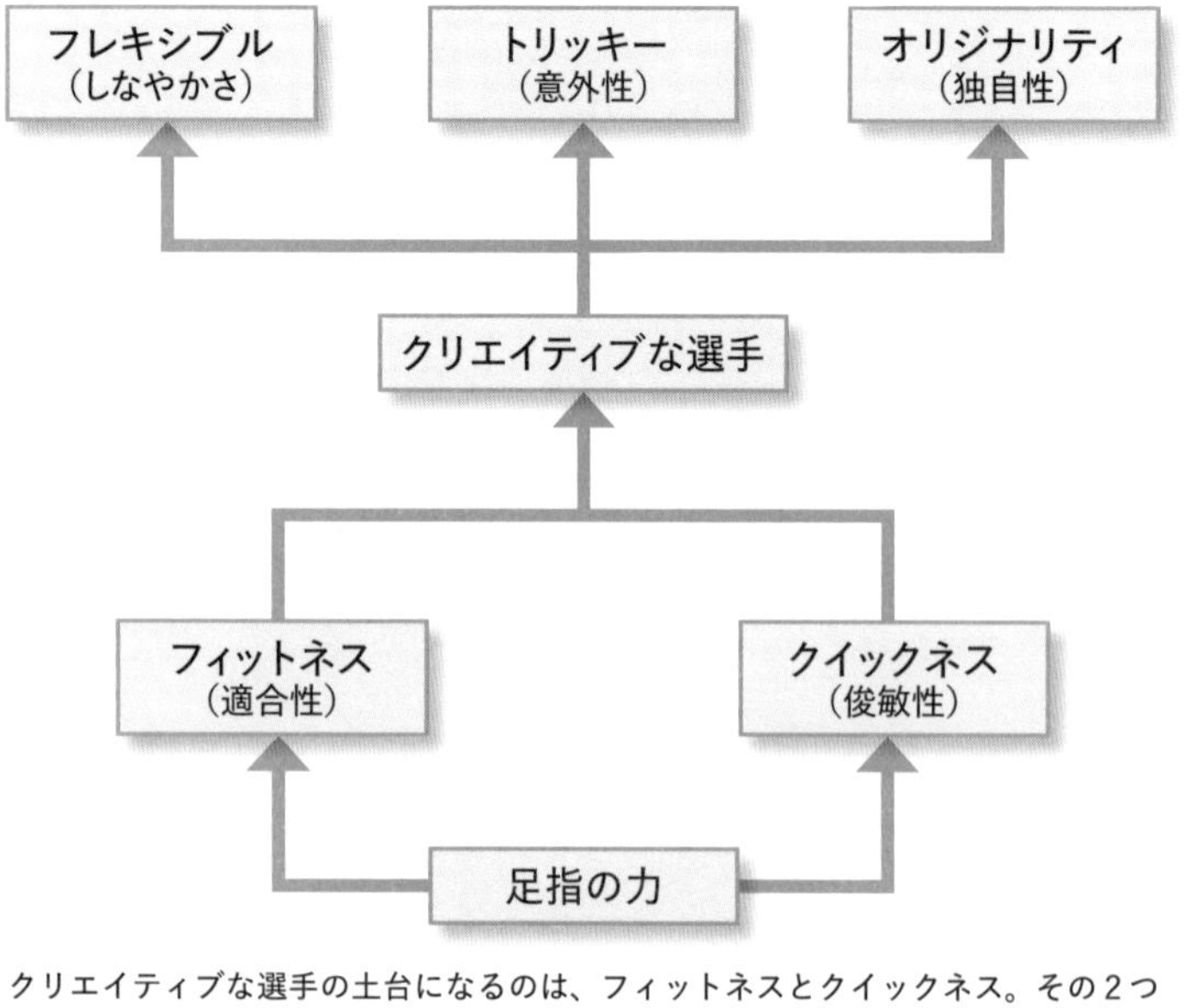

クリエイティブな選手の土台になるのは、フィットネスとクイックネス。その2つを形作るのが、足指の力ということです。

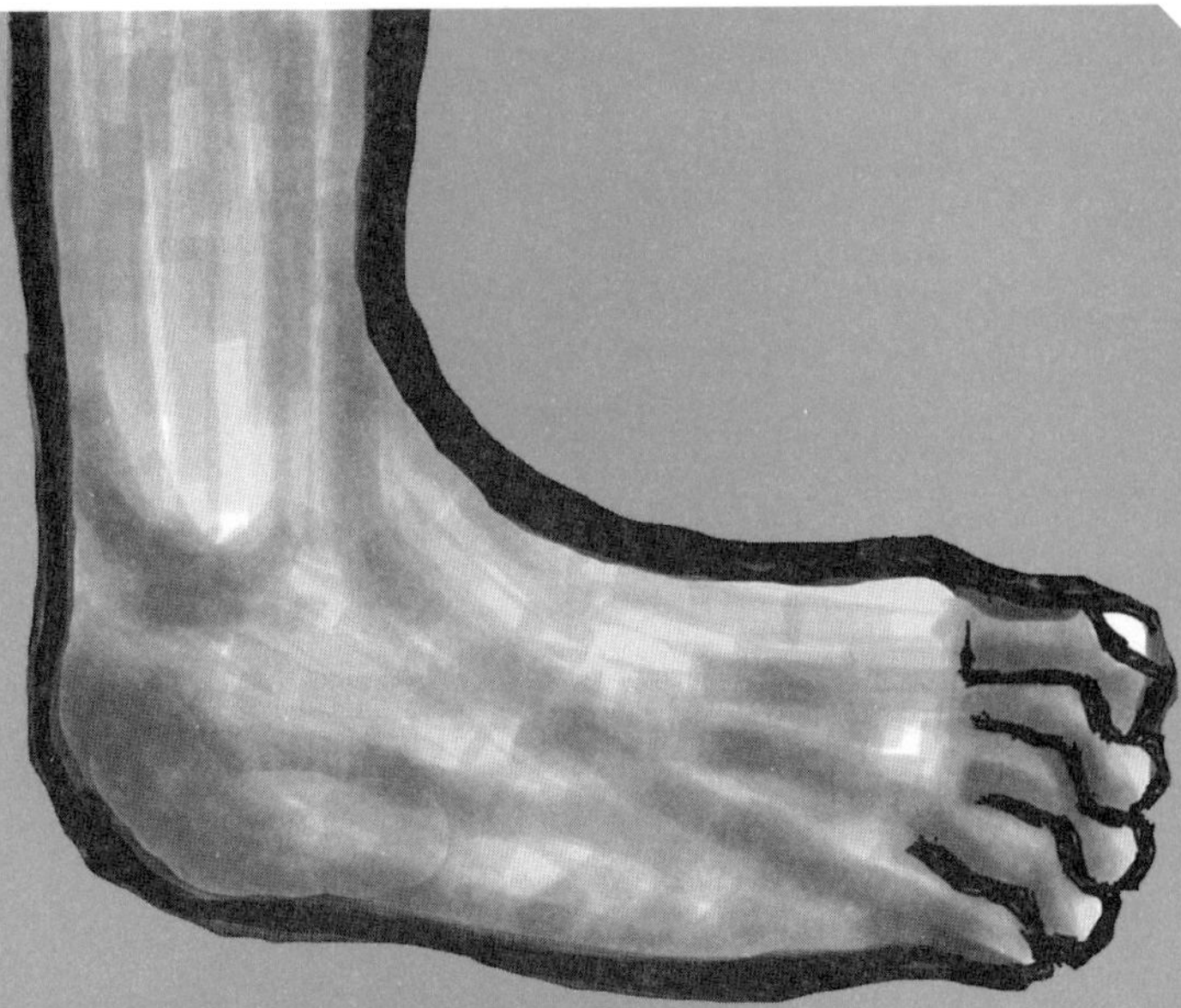

Chapter 2
足指を鍛える トレーニング

1章では、足指がサッカーにとって
いかに重要なのかを解説しました。
2章では、足指をどのように鍛えるべきか、
具体的なトレーニング方法を紹介します。
スマホを見ながらでもできるメニューもあるので、
毎日少しずつ積み重ねてください。

Section

01

なぜ足指なのか？

クリエイティブな選手の土台となるのは足指です。
ではなぜ、足指を鍛える必要があるのでしょうか？
筋力トレーニングや体幹トレーニングと同じように、
足指が大切な理由を解説します。

バランスをとる役割を担ったのが足指

人間の両足の骨は52個。実に体の約1／4の骨が、両足に集まっています。小さな足指という部位は、それほどまでに人間にとって重要だということです。

ではなぜ足指がサッカーで重要なのでしょうか？そのヒントは、人間の進化の過程にあります。2足歩行動物として進化した人間は、2本の足で体を支えるために足と足指の形を発達させました。その時に、**バランスをとる役割を担ったのが足指なのです**。

指でバランスを取る感覚は、逆立ちをしてみるとわかるかもしれません。逆立ちでは指を開いて力を入れて、バランスを取っています。

体幹も筋肉も足指の上に乗っている

サッカーでは、相手選手との体のぶつかり合いや、全力でダッシュする競技性から、体が不安定になりやすいスポーツです。その中でも、バランスを崩さないことが重要とされています。

体のバランスを保つために、体幹や筋力トレーニングを行う選手は多いでしょう。もちろんそれらのトレーニングは、アスリートの基本能力としてとても大事なことです。しかし**体幹も筋肉も、支えているのは足と足指です**。土台となる足が不安定になってしまっては、上に乗っている体も安定しませんよね。

どちらが良い、悪いという話ではなく、どちらも同時に鍛えていく必要があるのです。

筋力トレーニングでムキムキな体を手に入れても、土台となる足や足指が不安定では、力を十分に活かすことはできません。

足 指は人間にもサッカーにも欠かせない部位

足指の中でも特に重要な役割を果たしているのが、小指です。小指は体が倒れそうな時に踏ん張る役割があります。医学会では、老後の怪我や死亡要因の多くが室内での転倒だとし、足の小指を鍛えることで転倒事故を減らせる可能性がある、と述べた論文もあります。**人体の末端の末端である足指は、人間に欠かせない部位なのです**。

人体に重要な部位ならば、当然サッカーでも重要です。小指をしっかり開いて地面を掴む力が、相手にタックルを受けても踏ん張って倒れない、急な方向転換でも鋭く回旋する、などの動きにつながります。

私は日常生活の中でも、人の足指がどのくらい機能しているか、無意識に見てしまうことがあります。

バランスを崩した時に軸足で地面を掴む

私が最初に行うのが、片足でボールをキャッチするトレーニングです。2人一組で対面して片足で立ち、ふわっとしたボールを左右に投げあいます。シンプルなトレーニングですが、5往復できる選手は全体の1割以下です。

片足で立つと、バランスを崩した時に、浮いている方の足で体勢を戻そうとする人が多いと思います。しかし、浮いている足を大きく動かしてしまうと、余計にバランスが取れなくなります。

本当に大切なのは、地面についている軸足の方です。軸足の足指を開いて地面を掴み、体勢が崩れそうになったら足でしっかり踏ん張る。浮いている足はサポート程度です。

体のバランスが崩れるような状況を意図的に作ることで、足指力を育てていきます。

外で遊ぶ機会が減り子どもの運動能力が落ちた？

幼児運動能力研究会という組織が、全国の4～6歳の子どもを対象に「MKS幼児運動能力検査」を行っています。検査によると、子どもの運動能力は年々低下しているそうです。原因はさまざまに考察されていますが、インターネットやゲームの普及により外で遊ぶ機会が減っていることなどが指摘されています。

運動能力の低下は、足指にも影響します。私が子どものころは、グラウンドを裸足で駆け回ったり、山の坂道を走って上り下りしたりして、自然と足指も鍛えられていました。現在はそういった習慣がないため、足指も未発達なのです。

足指に限らず、人間の体は使わなければ衰えていきます。現代の子どもは外で遊ぶ習慣が減り、足指を使う機会が減っています。

生活習慣の変化で足指の機能が落ちた？

また、足指の機能の低下は、現代人の生活習慣の変化にも原因があると考えられています。明治時代以前は、人々は裸足や草鞋《わらじ》で歩いていました。また、自動車や自転車もなく、馬に乗るのも一部の貴族や武士だけ。もちろんアスファルトで舗装された道もありません。でこぼこの道を裸足や草鞋で歩いて、自然と足指が鍛えられたのです。

現在では、道はアスファルトで舗装され、足は丈夫で軽い靴に守られています。足指の力がなくても、安全に道を歩けるでしょう。もちろん、誰もが安全に道を歩けるのは良いことですが、**運動能力という点においてはマイナスの側面もあるかもしれません。**

整備されていない砂利道を裸足や草鞋で歩けば、自然と足指は鍛えられます。しかし、現代の子どもたちに「裸足や草鞋で原っぱを歩け」とは言えません。トレーニングで足指を鍛える必要があります。

Section

02

サッカーにおける足指

足指が人間にとってどれだけ重要な部位かを解説しました。
では、サッカーではどのように関わってくるのでしょうか？
足指力、「フィットネス」、「クイックネス」の関わりを見ていきましょう。

軸 足を地面に〝刺す〟ことでフィットネスを生み出す

1章P42では、「何かのアクションを起こす時に素早く動き出せる状態」を、サッカーにおいてもっとも望ましい状態と解説しました。私はこの状態を「フィットネス」と呼んでいます。

サッカーのプレーは、パスを出す、シュートを打つ、相手が保持しているボールに足を出すなど、片足が軸足となって地面に接し、もう片方の足でボールに触れます。ボールを持っていない時も、片足は地面から離れ、片足で体を支えて走ります。両足が地面に着くのは動きを止めている時だけです。片足でプレーするためには、軸足が地面に〝刺さっている〟状況を作る必要があります。

軸 足で地面を掴めるかどうかで足を広げられるかどうかが決まる

地面に刺さった軸足は、体全体に安定感をもたらします。コンパスの針と言えばわかりやすいでしょうか。コンパスには針と鉛筆の足があり、針がしっかりと刺さることで、鉛筆がきれいな円を描きます。この関係が、サッカーの足と同じなのです。

そして、軸足を地面に刺せるかどうかが、足指によって決まります。足指を開き地面を掴めるかどうか。地面に刺さった軸足を起点に、ボールに触る方の足を大きく開けるかどうか。コンパスが広がる大きさも、針がしっかり刺さっているかどうかで決まりますよね。

コンパスは軸となる針がしっかりと刺さることで、鉛筆できれいな丸を描くことができます。この関係は、人間の体でも同じです。

足 指の第一関節を曲げられるかどうか

「足指を鍛える」とは、単純に掴む力を強くするだけではありません。指を大きく曲げたり広げたり、リラックスも含めて力加減を調整したりすること、総じて「足指を自在に使えるようにすること」です。

ひとつの目安は、足指の第一関節を曲げられるかどうかです。立った状態で後ろから軽く押された時に、第一関節を曲げて踏ん張れるかどうかを見ます。関節が曲がるかどうかは、地面をしっかりと掴めるかどうかに直結するからです。

すぐに曲げられない方もいるかもしれませんが、焦る必要はありません。人間の筋肉や神経は、動かすことで発達していきます。

写真のように、足指の第一関節を曲げられるかどうかは、足指力を測る目安のひとつです。

足指でグーパーができるか

もうひとつの目安が、**足指をぎゅっと強く握る「グー」の状態と、グイッと広げる「パー」の状態を作れるかどうか**です。足を床につけたまま、足指を開く、握る、という運動を続けてみてください。特に開く方は、左下の写真くらい広げられることが理想です。

P61では、足をコンパスに例えて話をしました。コンパスは針で地面に刺さりますが、人間の足を針にすることはできません。そこで重要になるのが、足指で地面を掴めるかどうかです。地面を掴むためには、足指をしっかり開いて地面に刺せるかどうかが大事、ということです。

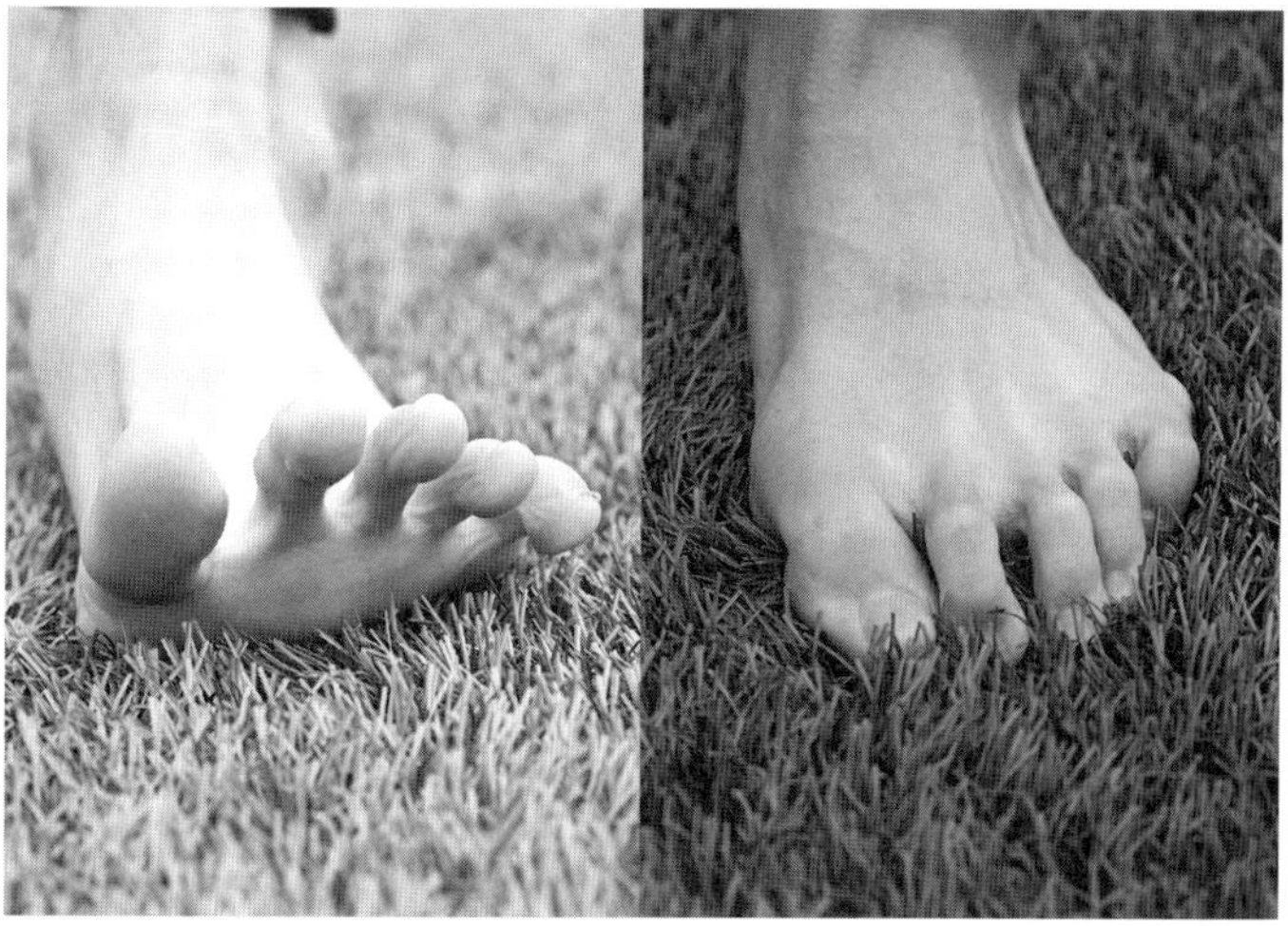

足指でグーパーができるか。グーの時はより小さく閉じ、パーの時はより大きく広げられるか。この開閉ができるかどうかによって、地面を掴む力が変わります。

足 指を自在に操ることでクイックネスを生み出す

Ｐ63で解説した足指のグーパーは、グーが力を入れた状態、パーが力を抜いた状態です。力を入れる、力を抜く、という両方の状態を自在に操ることで、クイックネスを生み出します。

例えば急加速は、体全体の力を抜いて「0（ゼロ）」の状態にしておき、そこから一気にトップスピードまで持っていきます。ダッシュの最初の一歩では、足指の力を抜いて大きく開いた状態から、地面についた瞬間にぎゅっと掴んで、力強く前へ進みます。**ダッシュひとつをとっても、足指を開く、掴む、という両方が必要なのです。**握る力だけだと、掴む直前に十分に開くことができず、掴む力も十分に生かすことができません。

サッカーでは緩急が非常に大事です。ゼロの状態から一気にトップスピードまで持っていくためには、足指の力を自在に操ることが必要です。

足指の筋膜と神経が体全体に影響を与える

私がなぜこんなに足指にこだわるのか？　**体の末端は体全体に影響を及ぼすから**です。その要因はふたつあります。

ひとつは**筋膜**。筋膜とは全身の筋肉に張り巡らされている膜のことで、ひとつの筋肉を動かすことで、他の筋肉や部位が連動します。みなさんも足指を動かすと、スネの横やふくらはぎの筋肉がピクピクと動いているのがわかると思います。

もうひとつは**神経**です。神経は、脳から体中に電気信号を送り筋肉を動かします。足指のような体の末端まで正確に動かすことができれば、途中にあるふくらはぎやふとももも自由に動かせるからです。

足指を動かすと、スネの横やふくらはぎも連動します。また手の指を動かした時も、肘の内側あたりが動きます。

足 指のこわばりは良い効果を何も生まない

足指のような体の末端は、体全体に影響を及ぼします。逆に言えば、**足指が硬ければ体全体もこわばってしまう**のです。試しに足指を「グー」にしてみてください。スネの横やふくらはぎの筋肉が硬くなっているはずです。

足指や体のこわばりは、良い効果を何も生みません。例えばトラップの場面。足指がこわばれば、トラップの際に衝撃を吸収する隙間がなくなり、コントロールが乱れる可能性が高くなります。そうなればボールに意識を集中せざるを得ず、ピッチ上の情報を集める余裕がなくなり、ボールを奪われやすくなります。

体の末端がこわばることで、体全体に悪影響をおよぼし、サッカーのプレーも硬くなってしまいます。

力は抜いているが手は抜いていない

私は現役時代に妻から「あなた全力でプレーしていないでしょ」とよく言われました。外から見ると、それだけ体の力が抜けていたのでしょう。ただし、**力は抜いていますが手は抜いていません**。無駄な力を使わずプレーの余白を残し、一歩目を速く動き出す準備をしていました。

また、常にリラックスしてゆるめっぱなしでいればいいわけではありません。あくまでスタートの時にリラックスして、ダッシュする瞬間、踏ん張る瞬間、キックの瞬間などは、足指に力を入れてプレーします。そうしたメリハリが、相手よりも一歩先をいくクリエイティブなプレーにつながるのです。

外から見ると「手を抜いている」と思われるくらい、私の現役時代のプレーはリラックスしていたようです。しかしそれくらいに見せて相手を油断させることで、相手よりも先に動くことができました。

Section

03

足指を自在に操るトレーニング

サッカーにおける足指の重要性を解説してきました。しかし、現代人は足指を使う環境が整っていないので、意識的に動かして鍛える必要があります。

まずは自分の足指の状態を確認する

ここからは、具体的なトレーニング方法を解説していきます。**まずは、自分の足指の状態を確認してみましょう**。裸足になって足指がどれくらい動くか見てみてください。足指は力を抜いた状態で真っ直ぐ伸びていますか？　足指は広がりますか？　足指を床につけて人差し指、中指、薬指の第一関節は曲がりますか？　とにかく指をいろいろ動かしてみてください。

足の親指だけを動かせなかったり、小指だけを動かせなかったり、人差し指、中指、薬指の第一関節が曲がらなかったりする人もいるはずです。私が教えている大学生たちも、はじめは自由に動かせない選手ばかりです。

意識して動かすことで神経や筋肉が発達していく

しかし、そんな状態でも心配はいりません。人間の体は、意識して動かすことで神経や筋肉が発達し、徐々に自由に動かせるようになっていきます。教え子の一人は、スマートフォンを見ながらついでに足指を動かしているようです。

重要なのは**意識的に足指を動かし、神経や筋肉に働きかけること**。裸足や草鞋などで歩く習慣がなくなり、足裏が地面に接する機会が少なくなった現代人は、指の神経や筋肉も発達が未熟です。今どの指を動かしているのか、動かそうとした指が思い通りに動いたのか、意識しながら行うとよいでしょう。

ほんの隙間時間に足指を動かすだけでも、足指力を鍛えることができます。

親指乗せ

親指と人差し指を交互に動かすメニューです。
足指トレーニングの中でも、もっとも基本的なメニューで、
スマホを触りながら、テレビを見ながら、いつでも取り組むことができます。

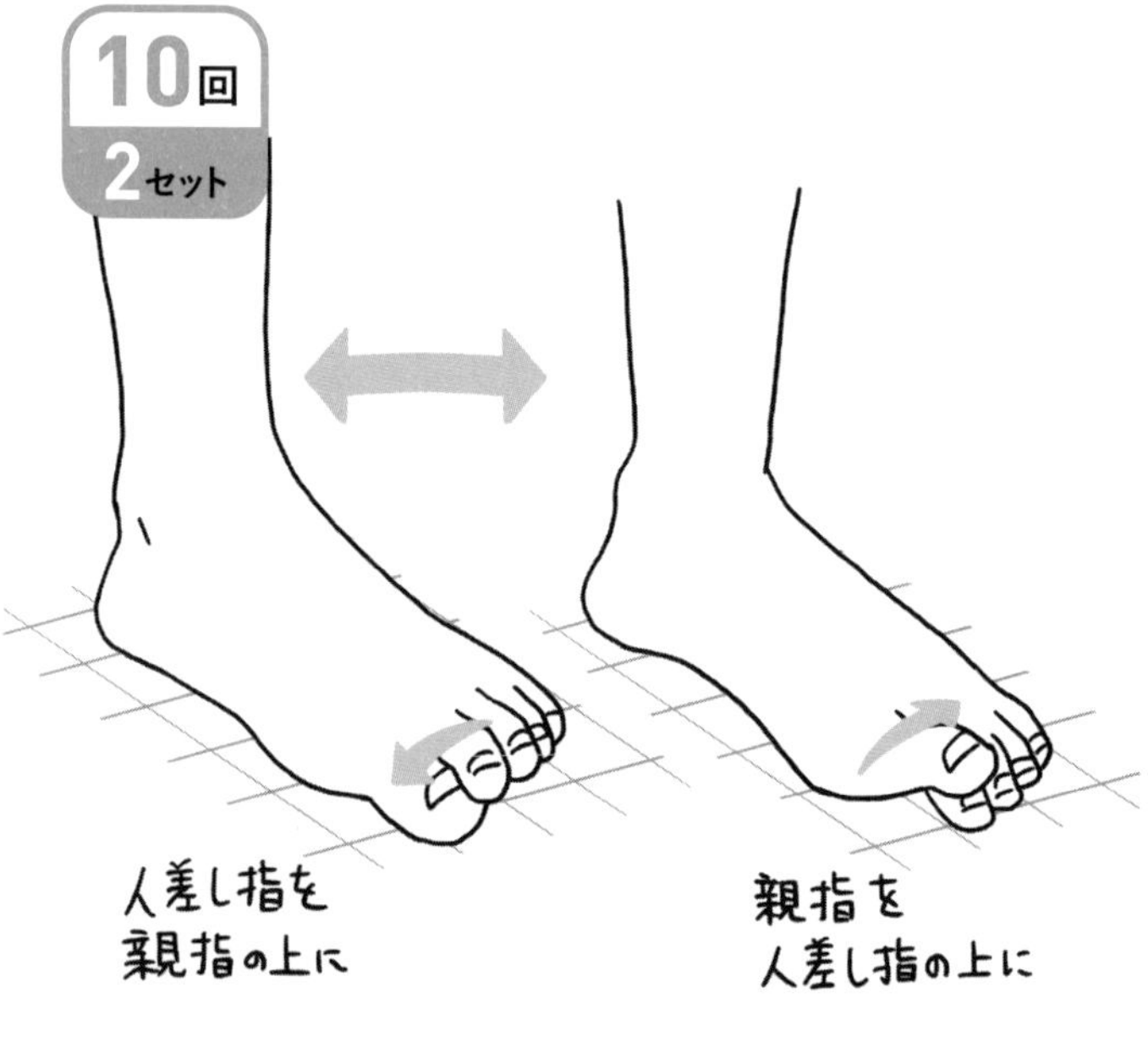

1. かかとからつま先まで足指を床にピタッとつける
2. 親指を人差し指の上に乗せる
3. 人差し指を親指に乗せる
4. ❷❸を繰り返す

ウォーミングアップの意味が強いメニュー　POINT

自分の足指がどのくらい動くかという確認と、足指に刺激を入れて温めるウォーミングアップのようなメニューです。

ポイントは、親指と人差し指を確実に乗せること。速さを重視するあまり、動きが雑になってしまうのはＮＧです。

簡単なメニューなので、スマホを操作しながら、テレビを見ながら、ゲームをやりながら取り組むことができます。足指をどの程度スムーズに動かすことができるか、意図した指が動いているかどうか、ゆっくり確認しながら取り組みましょう。

慣れてきたら、徐々にスピードを上げて取り組みます。集中して取り組んでいる時と、スマホなどを見ながら行う時と、同じくらいスムーズにできるようになるのが理想です。

親指以外はすべて同時に動く　POINT

このメニューでは親指と人差し指を動かしますが、人差し指を動かす時には、自然と中指、薬指、小指もセットで動きます。それぞれの指の靭帯と神経がつながっているからです。手の中指を動かすと、薬指もピクピクと動きますよね。それと同じで、足でも人差し指を動かすと、他の３本の指が動きます。人体の構造上、どうしても同時に動いてしまうので、気にする必要はありません。

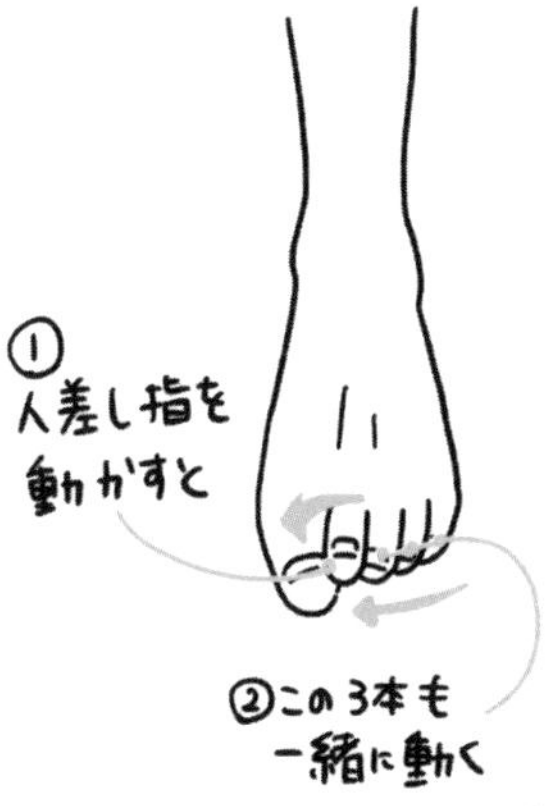
①人差し指を動かすと
②この3本も一緒に動く

人差し指を乗せる時は、残り3本の指の動きも意識します。

中指3本曲げ

足指の柔軟性は、
第一関節を曲げられるかどうかがひとつの目安になります。
第一関節を曲げられるようになるまで、地道に続けることが大切です。

5回
2セット

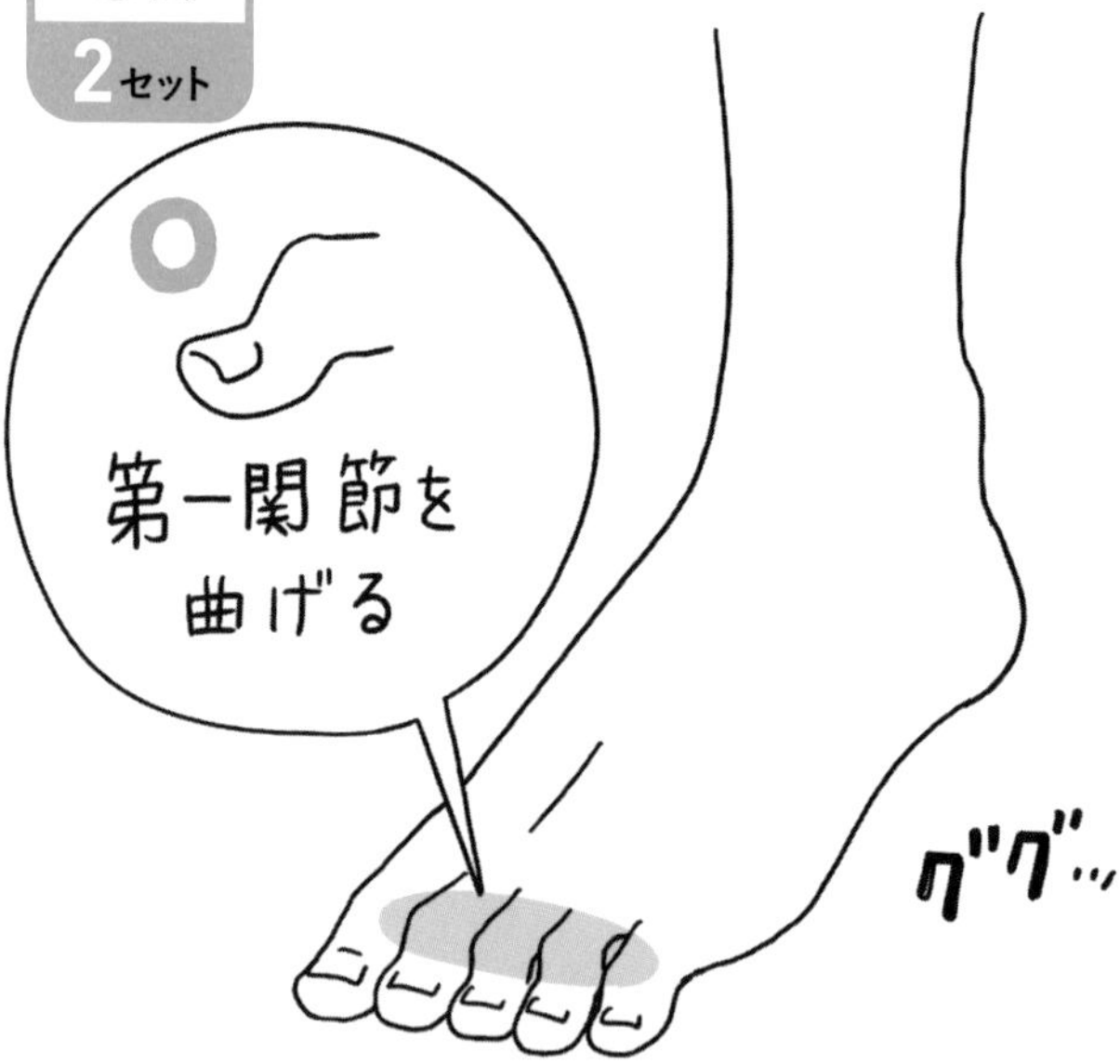

1 リラックスして足指を伸ばす
2 人差し指、中指、薬指の接地面に力を入れて地面を押す
3 イラストのように第一関節がしっかり曲がればOK
4 力を抜いて1の状態に戻す。これを繰り返す

NG 鉤爪のような形になるのはNG

　不慣れな人は第一関節が曲がらず、左のイラストのように鉤爪のような形になります。この形では衝撃を吸収しきれずに、ダッシュから停止する動きがスムーズになりません。

　とはいえはじめから第一関節を曲げられる人もなかなかいません。まずは誰かに後ろから軽く押してもらい、体が前に出た時に足指の第一関節が曲がっているかどうかを見てみましょう。

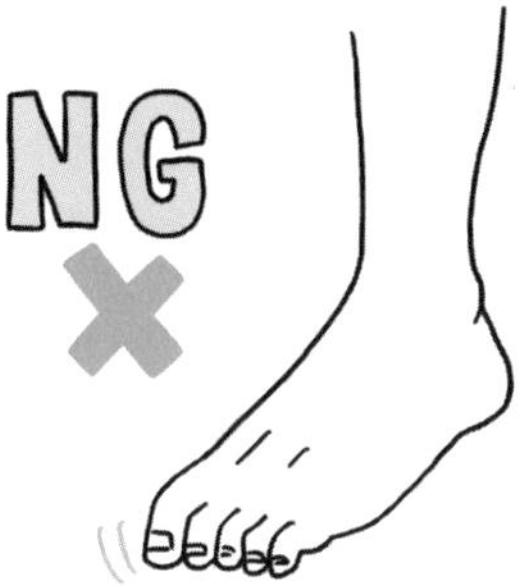

鉤爪のように曲がってしまうのはNGです。第一関節が曲がるまで粘り強く取り組みましょう。

GAME 前後の衝撃に対して踏ん張れるかどうか

　特に前後の衝撃に対して、踏ん張ることができるかどうかに関わるトレーニングです。中心3本の足指を曲げることができれば、後ろから押された時、前からタックルで当たられた時、ダッシュから急停止する時などに、体のバランスを崩さずに踏ん張ることができるようになります。マークを背負って踏ん張る時などに役立つでしょう。

後ろから押された時に、当たり負けしないように踏ん張る力を養います。

5本指の引きつけ

足指を上に引きつける動きは、
トラップ、インサイドパスなど、多くの場面で活用できる技術です。
力の入れ具合と抜き具合をうまく調節することが重要です。

10回
2セット

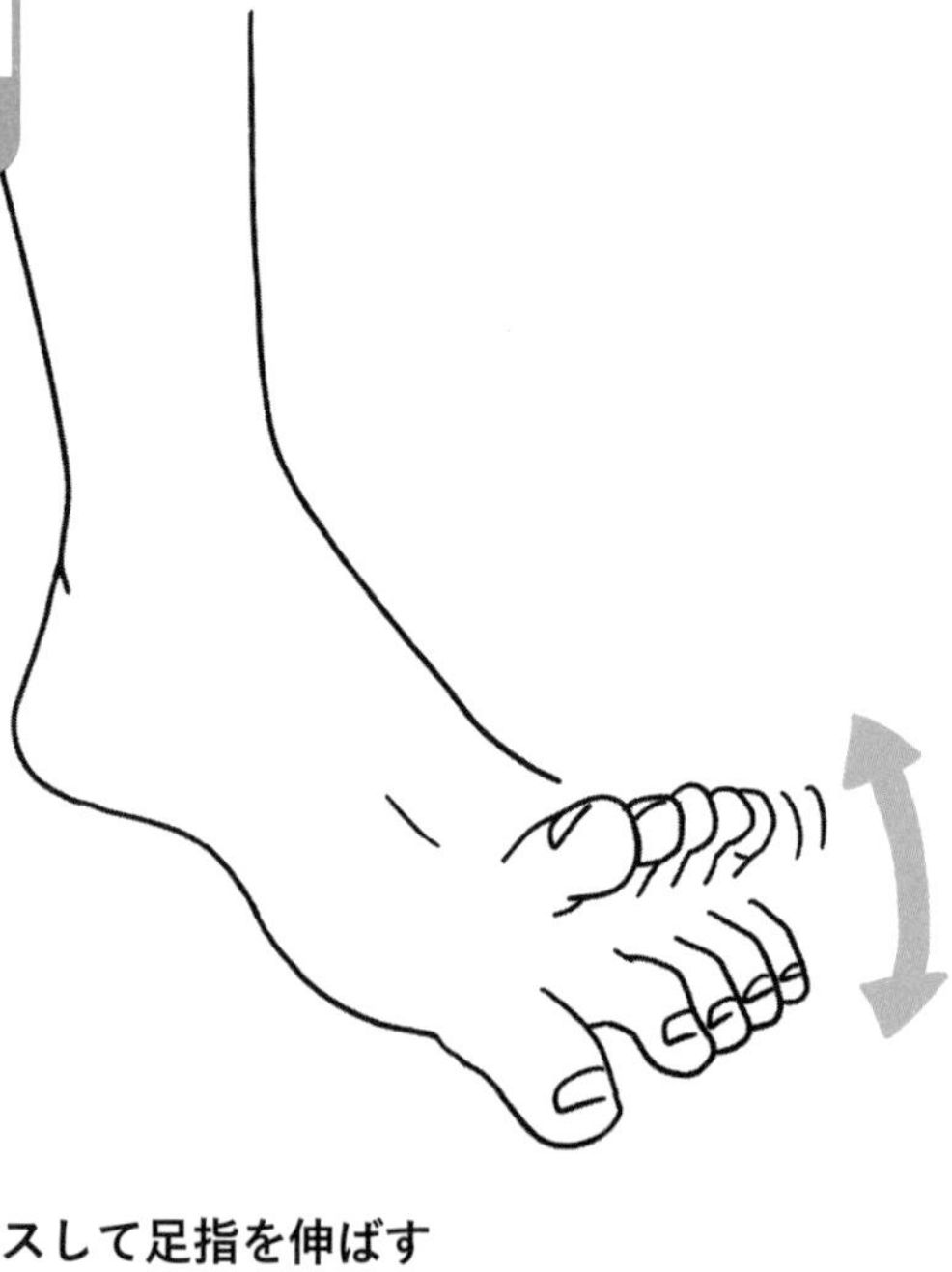

1 リラックスして足指を伸ばす
2 足指だけを地面から浮かし体に引きつける
3 リラックスして1に戻す。これを繰り返す

拇指球と小指球を意識する POINT

引きつける時に意識するのは、親指と小指の付け根です。親指の付け根を拇指球、小指の付け根を小指球といいます。足指は人差し指、中指、薬指の神経と靭帯がつながっており、独立して動かすことができるのは親指と小指くらい。また、小指は動かす機会が少ないため、鍛えられていないと中心3本の指につられて動きます。

まずは拇指球と小指球を支点として意識し、5本の指をきっちり動かせるかどうかを確認しましょう。

拇指球と小指球を意識して、足指を手前に引きつけます。

トラップの時に指を引きつけて勢いを吸収する GAME

特にトラップに関わる指の動きです。ボールをトラップする瞬間に、足指をクイっと引き上げて、足指でクッションを作りボールの勢いを吸収します。クッションにするためにはしっかりと指を立てることが必要で、普段から練習して引きつける動きに慣れさせないと、十分な角度を作れません。

トラップの瞬間に指をクイっと引き上げて立てることで、ボールの勢いを吸収します。

ウェーブ

独立して動かすことができる小指と親指を最大限に使い、
薬指、中指、人差し指もスムーズに動かす練習です。
動かす前の段階で、小指を開くことができるかどうかが重要です。

10回
2セット

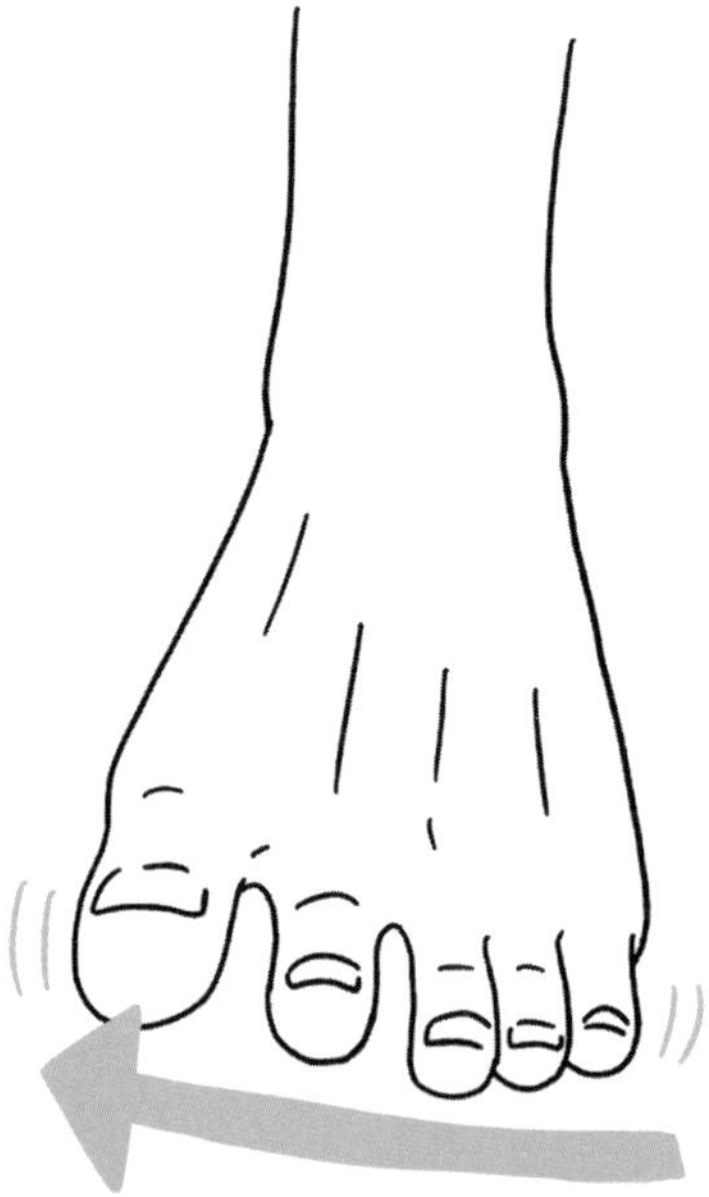

1 「5本指の引きつけ」と同じように5本の指を体に引きつける
2 小指から順に、ウェーブを描くように地面に下ろす
3 ❶❷を繰り返す

小指から親指まで大きく広げる POINT

ウェーブがうまくできるかどうかは、足指を大きく開けられるかどうかにかかっています。小指から順に動かすためには、まず小指を大きく広げ、他の指の動きから独立させる必要があるからです。そのため、オープンキャッチ（P78）と並行して行うと良いでしょう。

おそらく慣れないうちは小指が広がらず、すべての指が同時に地面に着いてしまいます。焦らずにじっくり取り組んでいきましょう。

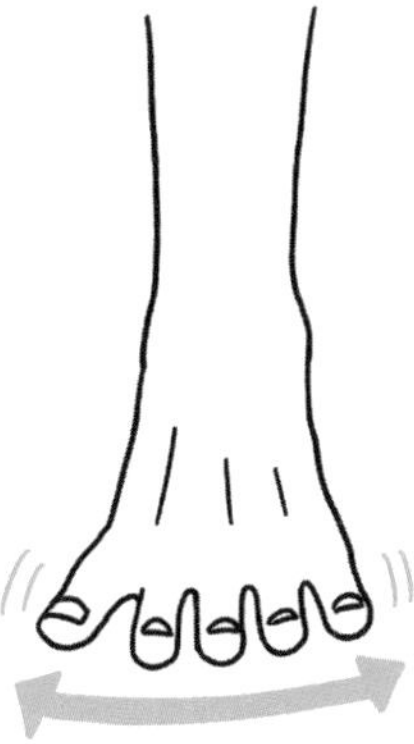

慣れてきたら、足裏を床から浮かしてみましょう。

フリックパスの成功率を上げる GAME

ウェーブは、ボールコントロール全般に必要な動きです。特にキックでは、ボールに足指が当たる角度や面積をほんの数ミリ動かして、繊細にコントロールすることができます。また、足首だけでパスのコースを変えるフリックパスも、指をしなやかにするだけで成功率が上がります。

ほんの少しだけボールに触れることでコースを変えるフリックパスは、足指の微妙な角度の調整でコントロールできます。

オープンキャッチ

足指じゃんけんのグーとパーを作るイメージで行う練習です。
特にパーで大事なのは、小指を外に開くこと。上に反り上がるだけでは、
足指が柔軟になっているとはいえません。

10回
2セット

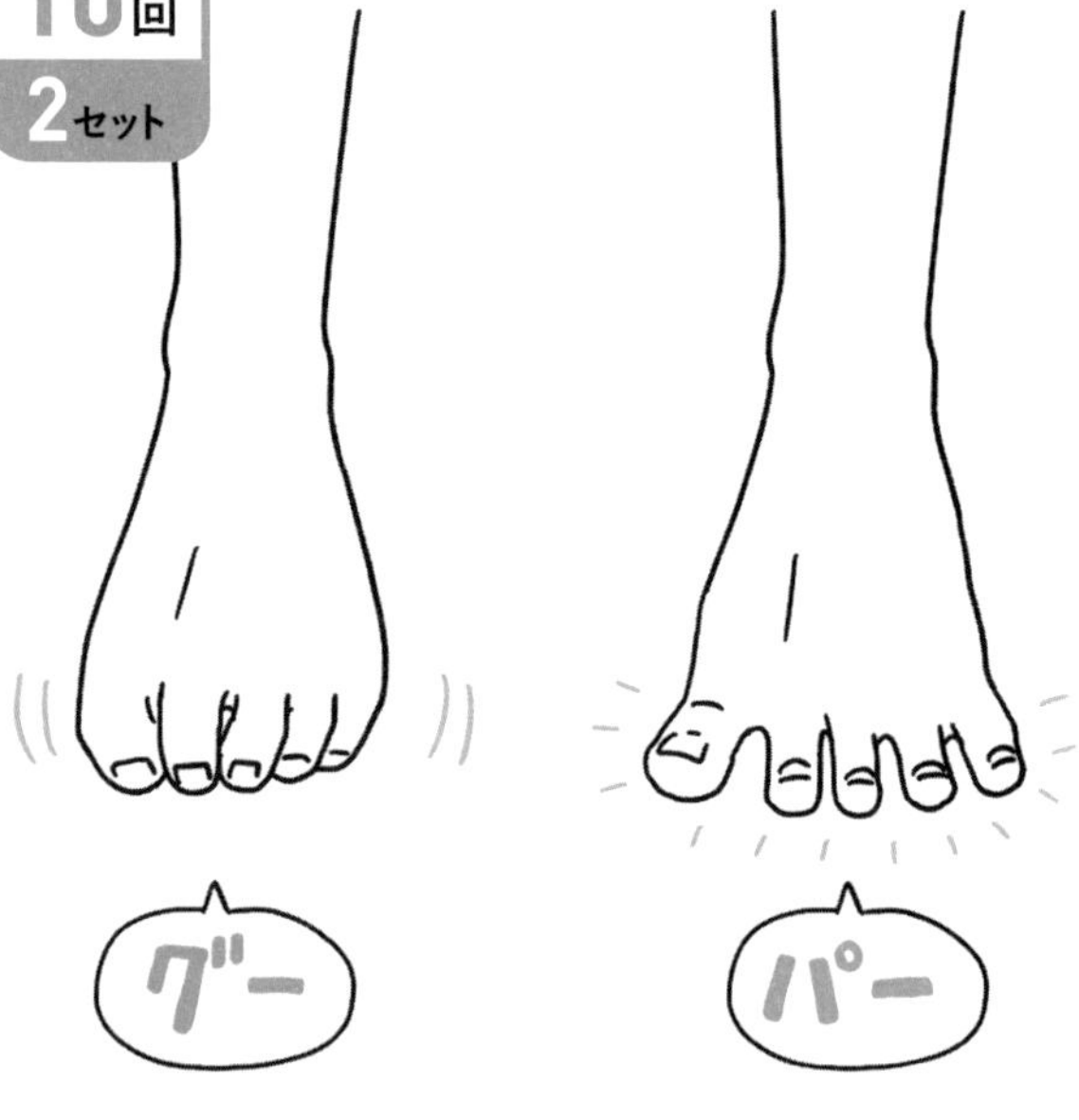

1 椅子に座り足の裏全体を地面につける
2 足指を思いっきり握る
3 足指を思いっきり開く
4 ❷❸を繰り返す

足指全体でアーチを作る POINT

足でグーとパーを作るメニューです。ポイントは、グーとパーそれぞれの作り方。グーは、足指全体でアーチを作るように意識します。このメニューでは第一関節は曲げなくてOKです。パーを作る時は、小指を外に開くように広げます。「5本指の引きつけ」（P74）のように、すべての指が上がってくる状態はNGです。

ちなみにチョキは「親指乗せ」（P70）の状態です。仲間と足指じゃんけんをしても面白いでしょう。

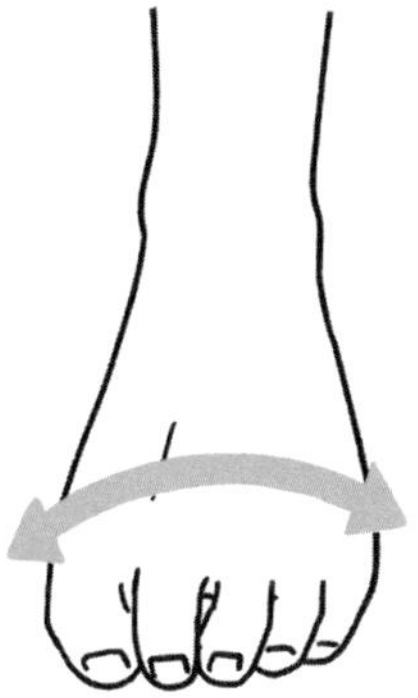

足指でアーチを作れると、着地の際に衝撃を吸収することができ、怪我の軽減にもつながります。

足指を広げて地面を掴む GAME

足を大きく広げて地面を掴み、体のバランスをとることにつながります。ダッシュをする一歩目、相手との競り合いで倒れそうな時に踏ん張る、急旋回で地面を掴むなど、足指を広げて地面を掴む動作は、あらゆる場面で必要になります。

アーチを利用して地面を掴む動作は、試合中のあらゆる場面で使われます。

片足カーフレイズ

足指は、曲がる、反り上がる、広がるなど、
意外と多様な動きをする部位です。カーフレイズで行う、
いわゆる「つま先立ち」は、足指の可動域を広げることができます。

10秒
2セット

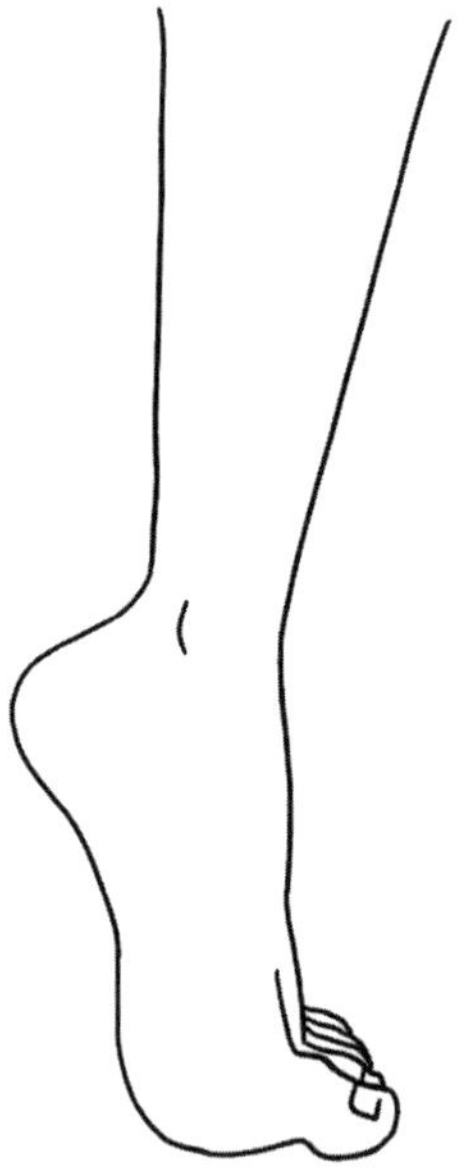

1. 座った状態で足裏を床につける
2. つま先立ちをしてかかとを持ち上げる
3. 足指の付け根からすねがまっすぐになるように伸ばす
4. 足指に体重を乗せて10秒キープする
5. かかとを下ろす

足指の可動域を広げる POINT

足指の可動域を広げるメニューです。可動域を広げることで、つま先で体重を支える力を身につけることができます。つま先を立てることで、ふくらはぎのトレーニングにもなります。

ただし、常につま先立ちの状態でいると、ふくらはぎの負担が大きすぎて怪我をするおそれがあります。トレーニングの頻度はほどほどにしましょう。また、ガニ股や内股にならないように注意しましょう。

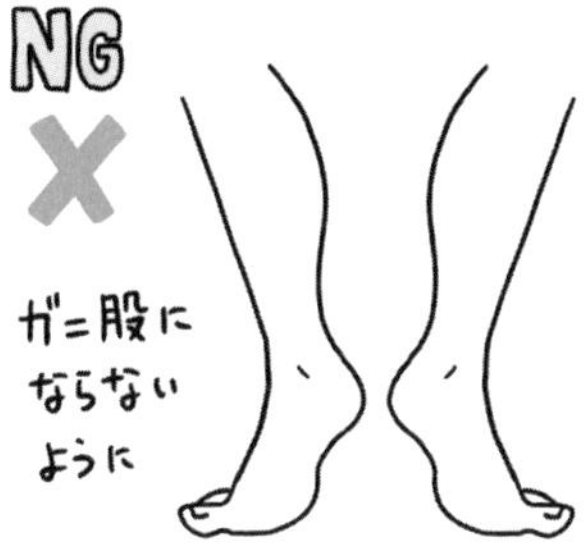

カーフレイズをガニ股で行ってしまうと、足の形にクセがついてしまい、かえって怪我をしやすくなります。

立って行うことでバランス感覚も養う POINT

慣れてきたら同じメニューを立って行います。可動域と同時に、バランス感覚も養うことができます。バランスが崩れるようなら、壁に手をついたり椅子の背につかまったりしてＯＫ。ただし、座って行うよりも足指への負荷が大きいので、足指やふくらはぎが痛くならないように、適度な強度に調整しましょう。

横から見た時に、体からつま先まで、まっすぐなラインになっている状態が理想です。

小指踏ん張り

足の小指は、体のバランスを保つために欠かせない部位です。
しっかりと開くことができるか、小指に体重を乗せて踏ん張ることができるかどうかが、サッカーでタックルを受けた時に影響します。

10秒
2セット

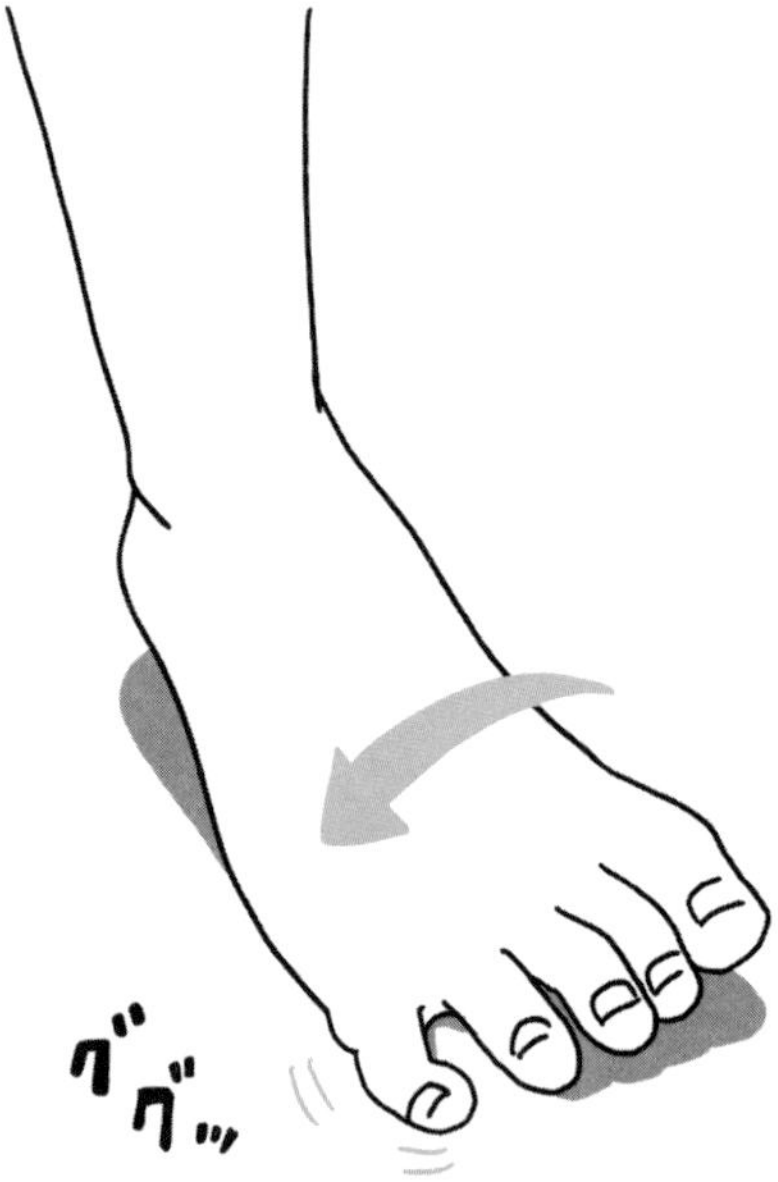

1 足の裏全体を床につける
2 かかとを持ち上げ、小指の付け根で体重を支える
3 ❷の状態を10秒間キープする

小指を鍛えることは怪我の予防につながる POINT

怪我の予防に役立つトレーニングです。手足ともに小指は重要な役割を担っており、足の小指は体が横によろけた時に踏ん張る力を持っています。この時に、小指をどれだけ開くことができるか、小指の付け根に体重をかけた時にどれだけ可動域があるかによって、踏ん張れる度合いが変わります。あくまで怪我をしないように、適度な負荷を見極めてトレーニングを行いましょう。

小指がどれだけ開いているか、小指球に体重を乗せられているかどうかを意識します。

横方向の衝撃に耐える GAME

縦方向の衝撃に対して耐えるトレーニングの「中指3本曲げ」（P72）に対し、「小指踏ん張り」は横方向の衝撃に耐えるトレーニングです。

例えばボールを保持していて、相手に横からタックルを受けた場合。横方向からの衝撃を耐えるには、足の小指で踏ん張る必要があります。そういった場面を想定して行います。

横からタックルを受けた時に、小指の力で踏ん張ることで体のバランスを支えます。

Section

04

ユニークテクニックを身につける実戦練習

Section4以降は、ボールを使った練習メニューを紹介します。ボールを使う際にも、足指がどのように動いているか、どのくらい開いているかを意識することが大切です。

ボールを使うことで足指の効果を実感する

ここまではボールを使わず、自分の足や足指を動かすトレーニングでした。一見地味ですが、とても大切なトレーニングの数々です。**体の末端はなかなか動かす機会がなく、神経や筋肉の発達が遅れがち。**足指を自在に操るには、毎日の積み重ねが必要です。

でもサッカー選手なら、やっぱりボールを蹴りたいですよね。そこでP86からは、ボールを使ったトレーニングメニューを紹介します。ボールを使うことで、足指の力が実際にどのように影響するのかを実感することができます。

継続することで感覚を掴む

ボールを使う練習でも、足指がどのように動いているか、どのように影響しているかを意識します。足指の効果を実感するまでの期間や効果の度合いは、個人によってさまざまです。しかし、継続することでしか成果を上げることはできません。ほんの1ミリ、0コンマ数秒の違いが変化を生むので、練習と実戦の両方で試していきましょう。

私が指導している拓殖大学の選手たちも、足指を鍛えて効果が出るまでの期間や効果の度合いはバラバラです。しかし成長する選手たちに共通しているのは、**自分の感覚にしっかりと向き合って、継続して取り組んでいること**。焦らずに粘り強く練習を重ねましょう。

「継続は力なり」とはよくいったもの。地道にトレーニングを重ねられる選手が、より高いレベルにたどり着きます。

片足キャッチボール

体がバランスを崩すようにあえて仕向け、
その中でも踏ん張ることができるかどうかを確認します。
足指をしっかり開いて、地面を掴むことが重要です。

10回
2セット

1. 2人一組になり、向かい合って片足で立つ
2. ボールをひとつ持ってキャッチボールを行う
3. 投げる際は、片足で踏ん張ってギリギリ届く程度にずらす
4. 反対足も同様に行う

足指で地面を掴みバランスをとる POINT

足指が地面をきちんと掴めているかどうか、バランスが崩れても踏ん張る力があるかどうかを確認するメニューです。「オープンキャッチ」(P78)の成果を測ることができます。

アレンジとして、ボールを2個にして同時に投げ、投げるコースは上と下に分ける、などもできます。投げた直後にキャッチの動作へ切り替えなければならないため、より安定感が求められます。

ボールを2個に増やすことで難易度がアップ。軸足の安定感がより求められます。

試合中に地面に接しているのは片足だけ GAME

実際の試合では、ほとんどの時間で片足だけが地面についている状態です。両足が地面についているのは、歩いている中の一瞬か、立って静止している時だけ。サッカーの試合では、多くの時間で走っていますよね。片足立ちは、スポーツの基本なので、バランスを崩さず難なくこなせるレベルになりたいところです。

走っていれば、地面に接するのは片足だけ。片足で体を支えるのは、サッカーだけでなく、多くのスポーツで共通しています。

アウトサイドトラップ

アウトサイドはトラップでもキックでも重宝します。
股関節を開かず予備動作が少ないアウトサイドは、体の負担が少なく、
相手にプレーを読まれにくいというメリットがあるからです。

20回
2セット

1. 2人一組でパス交換をする
2. 小指の付け根（アウトサイド）でトラップする
3. 徐々にパススピードを上げる

指と足裏の隙間をクッションにする POINT

アウトサイドでトラップする練習です。足の小指の付け根あたりでボールを受け、ボールの衝撃を吸収します。

コツは、指の力を抜き、指と足裏の間に空間を作って、クッション代わりにすること。もうひとつが、ボールが足に当たる瞬間に、ボールを切るように振り下ろすこと。またトラップの瞬間は、足指を地面から離し、ボールの真ん中くらいまで持ち上げます。

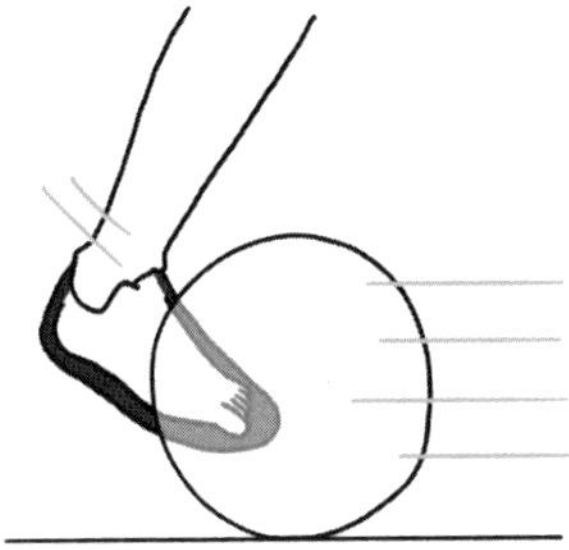

足指をリラックスさせて、クッションのようにやわらかくすることで、ボールの勢いを吸収します。

予備動作を少なくしてスムーズに移行する GAME

アウトサイドトラップのメリットは、股関節をあまり開かず予備動作が少ないため、次のアクションにスムーズに移れる点です。アウトサイドでボールを止めて、止めた足を地面につけずそのままボールを押し出す、などの移行ができます。移行によって生まれる時間差は1秒もありませんが、その0コンマ何秒かの差が、高いレベルになるほど問われるのです。

アウトサイドでトラップし、そのままアウトサイドで蹴る、といった動作もスムーズです。

インサイドトラップ（親指トラップ）

インサイドでプレーする時に大事なのは、足指を立てること。
「5本指の引きつけ」（P74）で慣れておくと良いでしょう。

20回
2セット

1. 2人一組でパス交換をする
2. 足指を立てて親指の付け根あたりでトラップする
3. 徐々にパススピードを上げる

足に当たる瞬間にボールを切る POINT

「5本指の引きつけ」（P74）の要領で、足指を立ててトラップすることで、指がクッションの役割を果たします。ボールの勢いを吸収できれば、多少弾んでも自分のコントロール下におけるでしょう。

また、アウトサイドトラップと同様に、ボールが足に当たる瞬間に、ボールを切るように足を振り下ろす動作を合わせると良いでしょう。

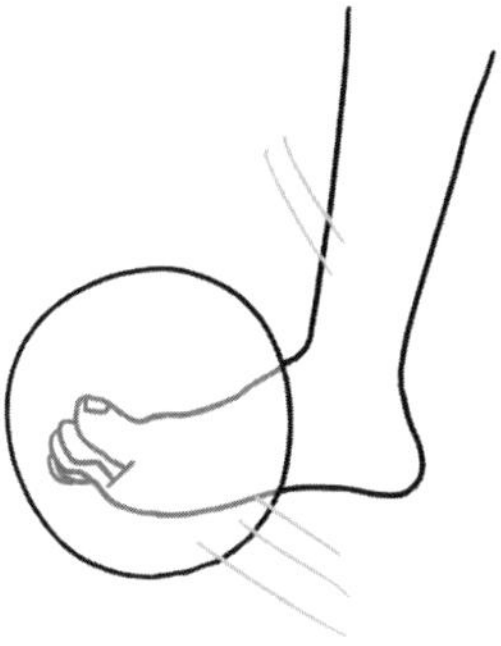

足指を立ててトラップし、ボールの勢いを吸収します。

自分の体の下にボールを置く GAME

試合中、すべてのボールに対してアウトサイドトラップができるわけではありません。当然、インサイドでのトラップも必要になります。

インサイドトラップの場合、股関節を開くので、アウトサイドよりも大きな動作が必要になります。しかし、次のプレーへの移行を速くする意識は同じ。確実に自分の体の下に置ける技術を身につけ、トラップの瞬間には次のプレーを考えている、という程度に習慣化しましょう。

トラップで確実にボールを収めることで、次のプレーへの移行が速くなります。

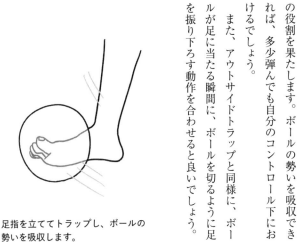

ジャンクション・トラップ

試合中では、パスを受けた方向とは別の方へトラップするという場面が多くあります。あらかじめプレーする方向を決め、スムーズにトラップして向かうことで、自分が次のプレーへの接続点になることができます。

20回
2セット

1 2人一組、もしくは3人一組になる
2 パスを出し、パスを受けた選手はワンタッチで後ろを向く
3 逆サイドにパスを出す
4 ②③を繰り返す

軸足で地面を掴みターンする POINT

親指でのインサイドトラップでボールの勢いを吸収し、そのまま180度ターンする練習です。真後ろにターンする技術は、相手のプレッシャーがある実戦では、見た目よりも難しいもの。その技術を、親指トラップでより確実なものとします。

単純なトラップに加え、ターンする際の軸足の指で地面を掴み、バランスを崩さずにターンします。

トラップする足と同じくらい、軸足で地面を掴むことが重要です。

次のプレーへ接続する GAME

「ジャンクション（ｊｕｎｃｔｉｏｎ）」とは、日本語で「接合点・接続点」といった意味を持ちます。次のプレーへ接続するという意味を込めて名付けました。

パスが来る方向から180度ターンするのは、主にボランチなどの中盤の選手に求められる能力です。ポイントは、トラップの技術だけでなく、パスを受ける前に周囲の状況を見て、ＦＷや相手ＤＦの位置と動きを頭に入れることです。

自分のプレーは、ゴールを決めるまでの過程の一部。次のプレーへとスムーズに移ることが重要です。

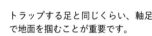

背面トラップ

浮いたボールのコントロールは、
足指に力を入れて衝撃に耐えることが必要です。
足指を使ってトラップし、ボールの勢いを吸収することを心がけましょう。

20回
2セット

1. 2人一組になり、１人がボールを持って向かい合う
2. １人が頭越しにボールを投げる
3. もう１人は反転し、投げられたボールをトラップする
4. トラップの際はワンタッチで足元に収める

POINT 上から落ちてくるボールを足指でトラップ

浮いたボールを頭越しにトラップするのは、ゆるいボールでも意外と難しい技術です。ポイントは、ボールを足指にしっかり当てること、足指に力を入れることの２つです。

上から落ちてくるボールは重力がかかるため、転がるボールよりも勢いがあります。そのため足指の力を入れて、衝撃に耐える必要があります。慣れてきたらボールを落とさずそのままリフティングしてみましょう。

勢いがあるボールに対しては、足指にしっかり力を入れることで、衝撃を吸収することができます。

GAME トラップミスをしてもリカバリーできる

ＤＦからのロングボールや、サイドチェンジのパスを受ける時など、浮いたボールをトラップする場面は意外と多く訪れます。そういった場面でも、足指を使ったトラップをすることで、次のプレーへスムーズに移行できます。

また、トラップが乱れてボールが浮いた時でも、足指でちょんと触ることで自分の足元に収めたり、相手の逆を突いたりしてリカバリーすることができます。

ミスはどんな状況でも起こり得ること。ミスを素早くリカバリーすることも、ミスをしないことと同じくらい重要です。

ボールの引きつけ

ボールを足の裏で扱うテクニックは、自分の足元に確実にボールを
収めることができます。相手も迂闊に飛び込むことはできないため、
自分のペースでプレーすることができます。

10回
2セット

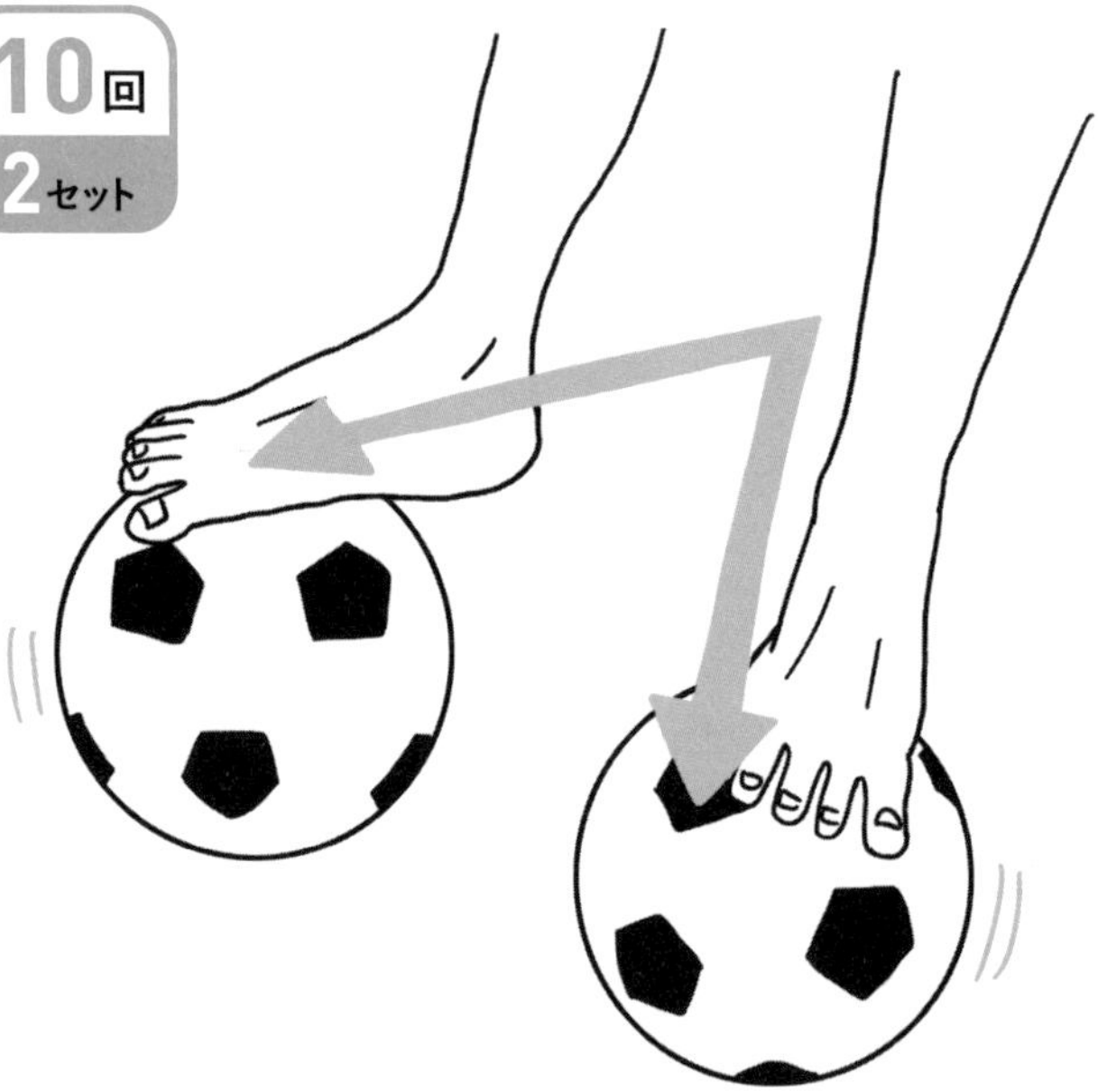

1 立っても座ってもOK
2 ボールの上に足を乗せ足指でVの字を書くように動かす
3 逆足も同様に行う

足の裏に見えるが使うのは足指 POINT

足の裏でボールを扱うテクニックを練習するメニューです。「足の裏」と書きましたが、ここでも大事なのは足指。ボールを掴む前に、小指も含めた5本の指を目一杯広げ、ボールを掴む瞬間にぎゅっと足指を閉じて掴みます。「オープンキャッチ」（P78）の応用編だと考えると良いでしょう。

足の裏を扱うためのポイントは足指。しっかりと足指を開いて、足全体でボールを掴みます。

ボールの軌道を見極める GAME

ブラジル人選手が試合中に好んで使う技術です。自分の足元にボールをピタッと収めることができる、相手を片手で押さえながら正確なコントロールができる、などのメリットがあります。ただし、試合中にこのテクニックを使う場合、ボールの軌道をしっかり見極めることが重要です。ボールの軌道からずれたところに足を構えると、トラップはできず、明後日の方向へ転がってしまいます。

正確に足裏でトラップするためには、ボールの軌道を認識して、正確に足に当てることが必要です。

リフティングパス

リフティングはインサイドやインステップでコントロールする人が多いのではないでしょうか。単純なリフティングも、足指を使う、距離を取るというアレンジで、実戦的なトレーニングになります。

20回
2セット

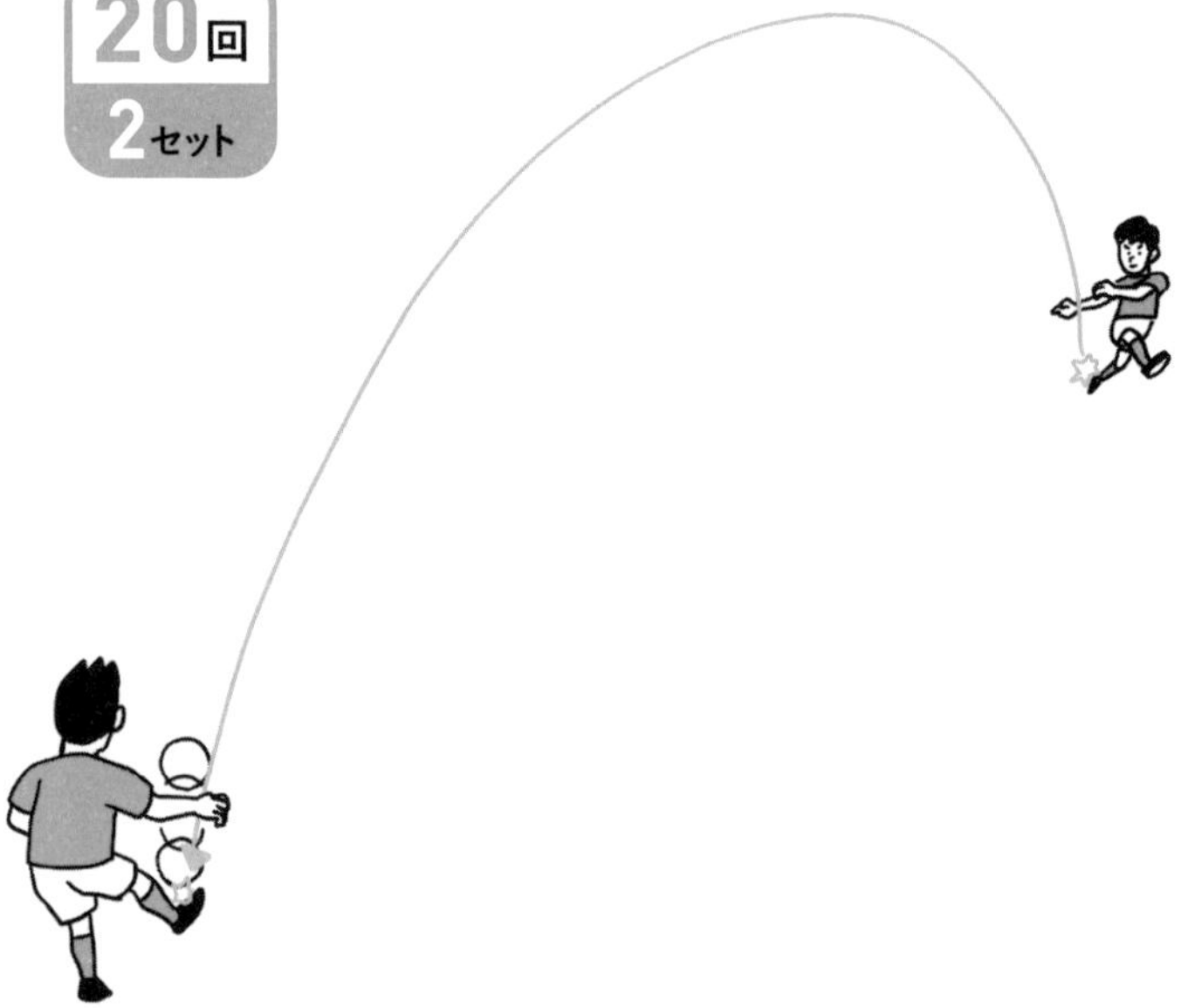

1. 2人一組になり20m程度の距離をとって離れる
2. 距離を保ったまま２人でリフティングをつなぐ
3. トラップは足指に力を入れて、足指をボールに当てる
4. 慣れてきたら徐々に距離を離していく

足指を立ててボールの反発力を吸収する　POINT

リフティングのメニューは4章でも多く解説していますが、これはもっとも基本的なメニューです。ポイントは、ファーストタッチを足指でコントロールすること。トラップする瞬間は足指にだけ力を入れて足指を立てて、ボールの反発力を吸収できるようにします。

慣れないうちは短い距離でも良いですが、なるべく20m以上を確保して、勢いがついたボールをコントロールできるようにしましょう。

ギュッ

足指でトラップすることで感覚を養い、実戦でも使えるレベルまで精度を上げていきます。

ロングボールをトラップする　GAME

実際の試合では、ロングボールをトラップする際に生きるテクニックです。ここで大事なのは、ボールの軌道を素早く認識すること。ボールがどこに落ちるか予測し、落下地点に素早く入ることが必要です。これができると、足でトラップしようとしていたが、相手が寄せてくるのが見えたため、ボールが自分に届く途中で判断を変えてヘディングでのパスを選択する、といった対応ができるようになります。

トラップしよう
でも相手が
寄せてきてるから…
ヘディングパス

自分のプレーを途中で変えることも、クリエイティブな選手に求められる要素です。

インサイドパス

サッカーでもっとも基本的なキックですが、足指を意識して蹴っている選手は少ないのではないでしょうか。足指を使うことで、パスの強弱やコースをより繊細にコントロールすることができます。

20回
2セット

1 2人一組になりインサイドキックでパス交換を行う

2 キックの瞬間は足指を立てボールに対して足を被せる

3 トラップはアウトサイド、インサイドどちらでも良い

足指を立ててボールの軌道を調節する POINT

「インサイドトラップ」（P90）を、キックで行うイメージです。キックの瞬間は足指を立てて、足全体をやや斜めに倒し、ボールに対して被せるように足を当てることで、低く速い弾道のキックを蹴ることができます。

立てた足指は、ボールの軌道を変えるコントロールにも生かすことができます。ほんの少し指の角度を変えるだけで、同じキックフォームで別の方向へ蹴る、といったことができます。

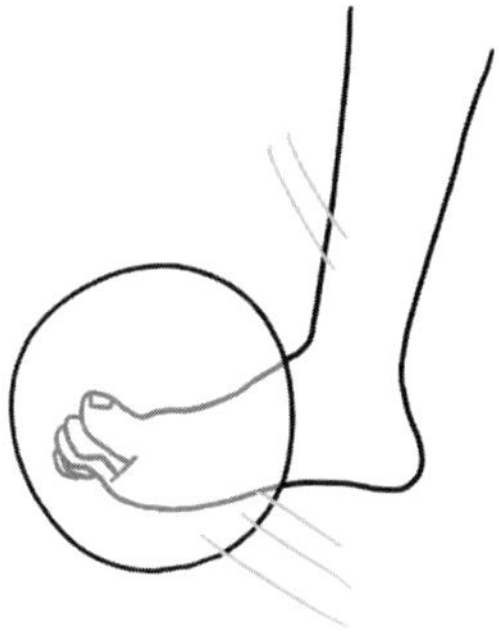

トラップと同じ要領で足指を立てて、ボールに力を加えます。

元のコースをキャンセルする GAME

振りかぶった瞬間に、相手が陣形や体勢を変えたため、元のコースをキャンセルして別コースに蹴る、といった技術は、クリエイティブな選手の多くが身につけています。これを可能にするのが足指です。足指を立てて蹴ることで、ボールが当たる寸前に指の角度をほんの少し変えてパスコースを変える、といったことができるからです。ただし、複数のパスコースや相手の動きを把握していることが前提です。

足指を立てることでキックの直前での変更が可能になり、駆け引きで優位に立つことができます。

インフロントパス

インサイドキックと同じくらい使用頻度が高いインフロントキック。
親指の付け根あたりで蹴るという基本からも足指の重要性がわかります。
ポイントは、ボールが足に触れている時間を長くすることです。

20回
2セット

1. 2人一組を作り、30〜50m程度の距離をとる
2. インフロントキックでパス交換をする
3. カーブキックは親指の付け根を起点にボールを擦るように蹴る
4. ゆるいキックは親指の付け根をボールの下に潜り込ませるように蹴る

握手で手を差し出すように蹴る POINT

インフロントキックは、ロングキック、カーブキック、低く速いキックなど、複数の球種を使い分けることができます。足指が深く関わるのはカーブキック。親指の付け根を起点に、足の側面を滑らせるように蹴ります。

蹴る際の意識は「握手」。手で握手をする時は、自然な流れで手をすっと差し出しますよね。足でも同じように、握手をするような意識で蹴ると良いでしょう。

握手のような感覚で足を差し出すと、足がボールに触れる時間が長くなり、細かなコントロールを調整することができます。

同じキックフォームで違う球種を蹴る GAME

インフロントキックは「同じキックフォームで違う球種を蹴る」ことが求められるキックです。長い距離のボールを蹴ることが多く、キックフォームで相手に蹴り先がバレてしまえば、対応されてしまうからです。逆に、フォームでコースや球種を絞らせない蹴り方の重要性は、中村俊輔のＦＫが証明してくれます（Ｐ32）。ほとんど同じ蹴り方でまったく違うキックを蹴ることで、多くのゴールを生み出してきました。

インサイドキック同様、キックの直前でキャンセルするという駆け引きが重要なキックです。

アウトサイドパス

アウトサイドキックは正確に蹴ることが難しいキックですが、
股関節を開かないため、予備動作が少なく、体への負担が小さい、
相手にバレにくい、といったメリットがあります。

20回
2セット

1. 2人一組を作る
2. 30〜50m程度の距離をとる
3. アウトサイドキックでパス交換をする

小指の付け根にボールを当てる POINT

「アウトサイドトラップ」（P88）と同様に、股関節をあまり開かずに蹴ることで、体の負担を軽くできるキックです。ポイントは、小指の付け根あたりにボールを当てて、押し出すように蹴ること。また、後ろに振り上げるバックスイングは最小限におさえること。大きく振りかぶってしまうと、キックのタイミングを掴みづらいというアウトサイドキックの利点を、自ら手放してしまうことになります。

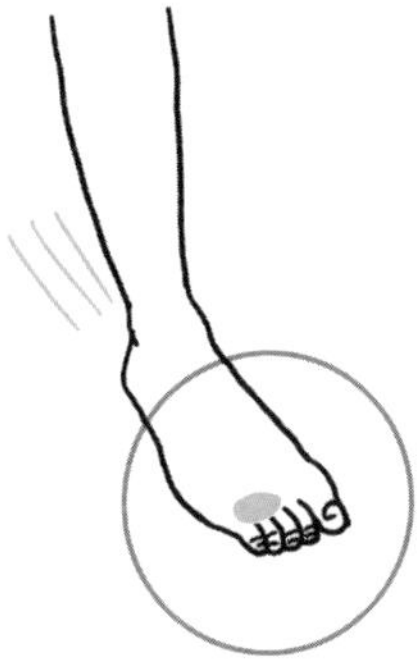

ボールに当たるのは小指の付け根。押し出すように蹴ることで、ボールに勢いをつけます。

走っているステップのまま突然蹴る GAME

足を後ろに大きく振り上げる必要がないので、ほとんどキックの素振りを見せずに蹴ることができます。モドリッチのアウトサイドキックも、走っているステップのまま突然蹴っているように見えます。キック精度自体が非常に優れていることももちろんですが、予備動作がないため、相手ＤＦにとってはいきなりボールが飛び出してくるように感じられ、対応する時間がないことも大きな効果です。

どんなキックでも、相手にバレないように蹴るのが基本です。

縦アウトサイドパス

アウトサイドキックにより強い勢いをつける練習です。足の形を縦にして、足がボールに当たる面積を広げることで、強い力を与えます。

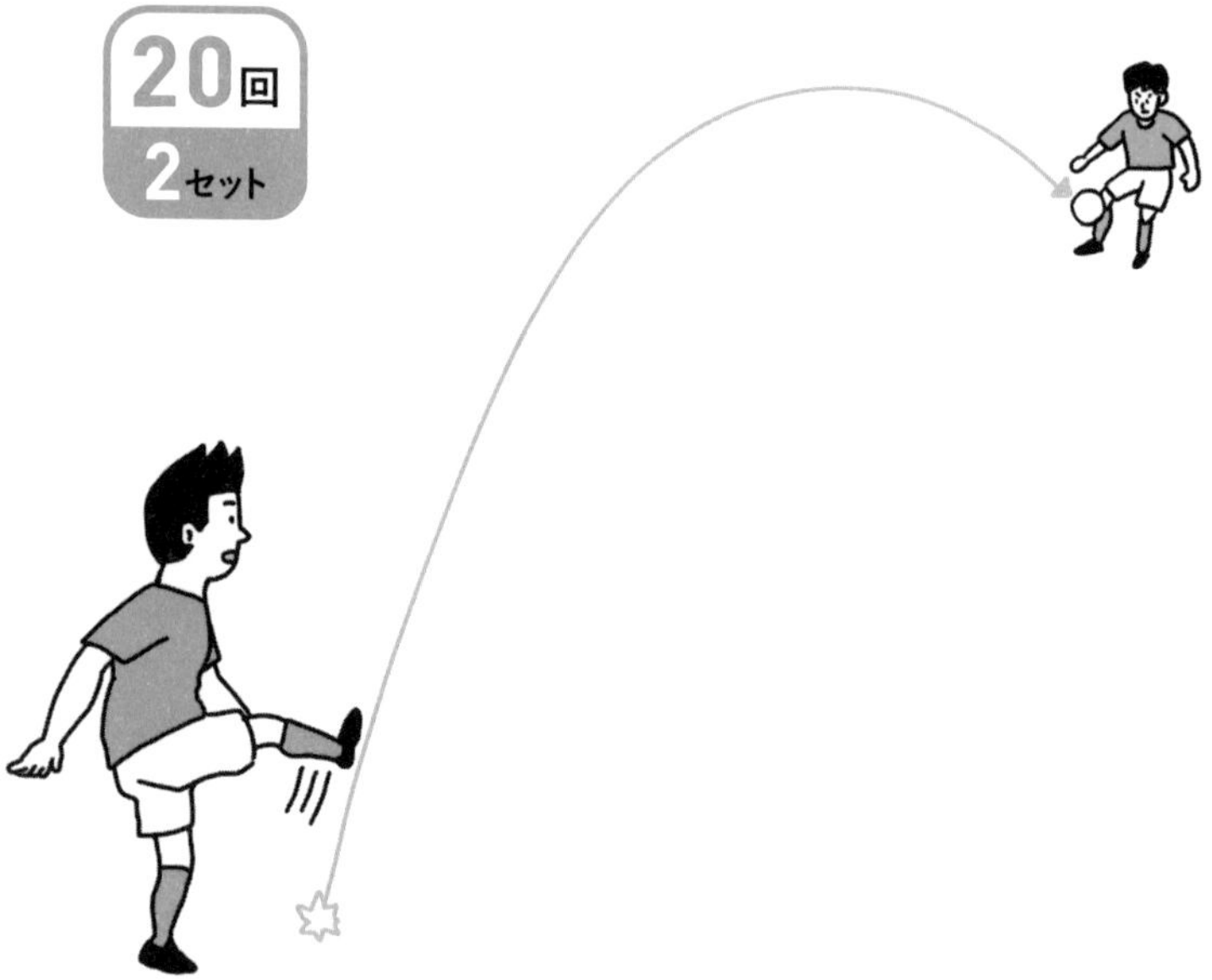

1. 「アウトサイドパス」（P104）と同様に2人一組でパス交換を行う
2. ボールが足に当たる時、足を縦にしてアウトサイドに当てる
3. パス交換を繰り返す

足を縦にして足指を曲げる POINT

より強いアウトサイドキックを蹴る練習です。スイングやフォームは通常のアウトサイドキックと同じですが、キックの瞬間に足の甲を立てて、縦の形にすることで、ボールに当たる足の甲の面積を大きくし、より強い力をボールに加えます。

キックの際は、つま先が地面に当たらないように注意。そのためには、足指を曲げてコンパクトに振ることを意識します。

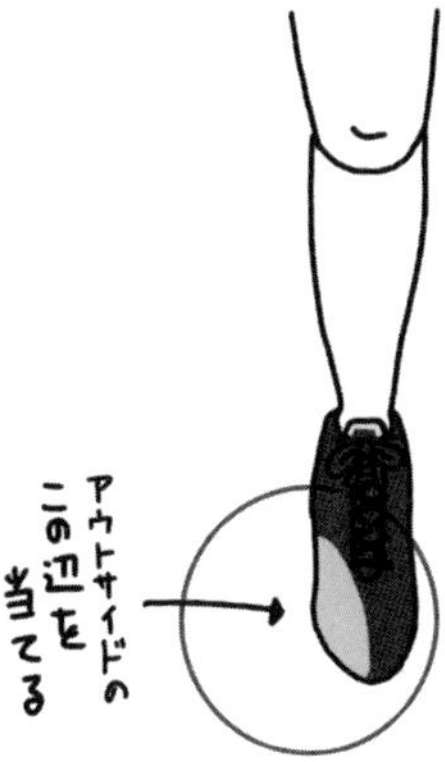
アウトサイドのこの辺を当てる

インステップキックに近い感覚で、足を縦にし、足の甲をボールに当てます。

より難易度が高いキック GAME

より速く強い弾道のアウトサイドキックを蹴る方法です。元ブラジル代表の名手、ロベルト・カルロスが得意としていました。実戦では、30m以上の長いキックで使用すると良いでしょう。

ただし難易度が高く、威力、精度、ともにコントロールが難しいキックでもあります。技術が身につき、実戦でも確実に成功するだろう、という場面で使用するのが良いでしょう。

すげー!!
スパン

試合中に使うことができれば、相手の脅威にもなり、見る人を楽しませることができます。

持つドリブル

ドリブルは、ボールを体からなるべく離さないことが重要です。
そのためには、とにかく丁寧に扱うことを心がけます。

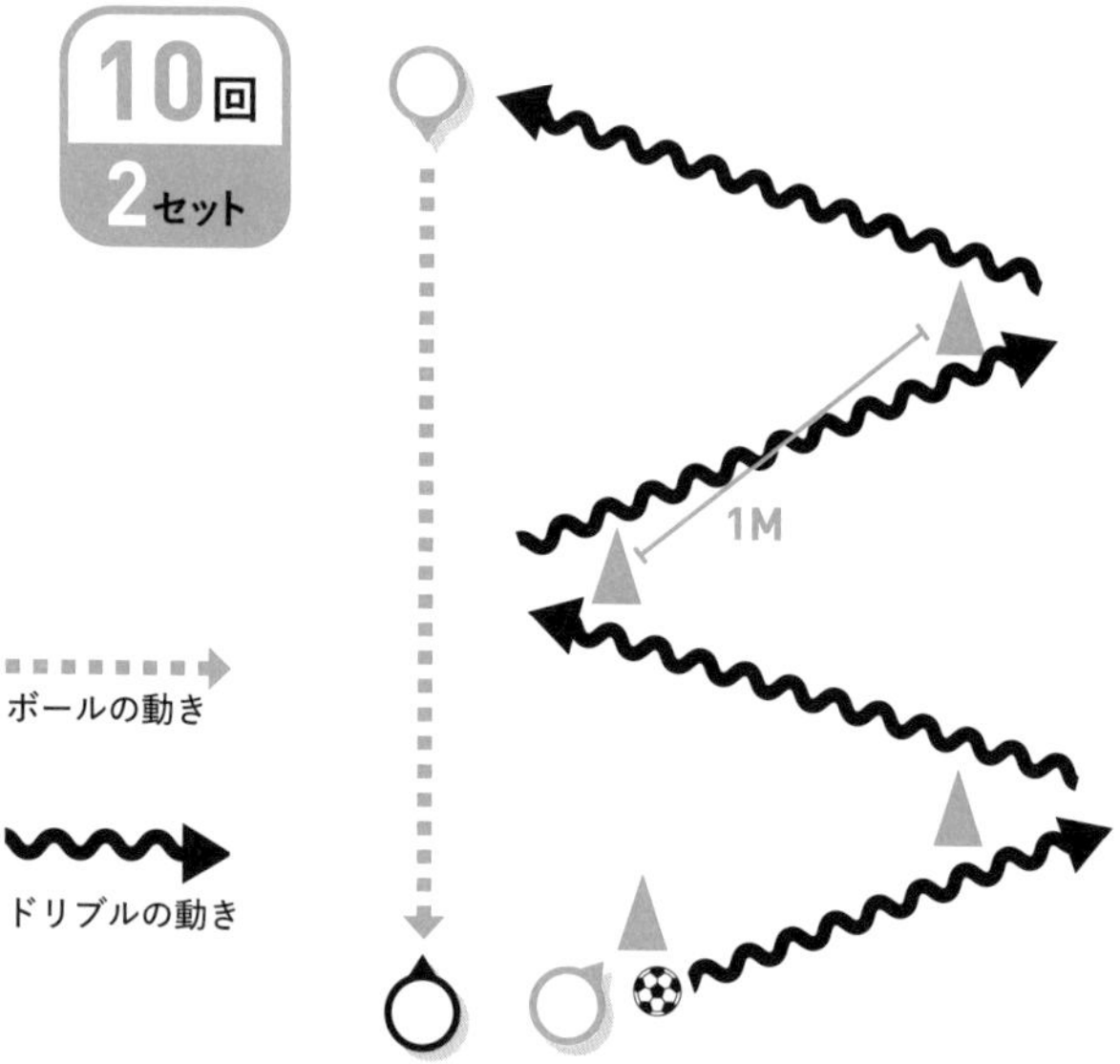

1. 1m間隔でコーンを並べ、コーンに沿ってジグザグにドリブルする
2. 切り返しはワンタッチで行い、コーンの間のドリブルは1～2タッチで行う
3. 最後まで終えたら次の選手にパスを出す
4. パスを受けた選手がドリブルを開始する。これを繰り返す

生卵や豆腐を足で扱うイメージを持つ　POINT

ドリブルで大事なことは、自分の体からなるべく離さず、常に体の真下にある状態を維持することです。そのためには、ボールの下に足を潜り込ませ、ボールを足の上に乗せるような感覚で触ります。気持ちとしては、生卵や豆腐を足で触るくらい、丁寧に扱います。

コーンの間はなるべく少ないタッチ数で移動します。そのためには、ワンタッチで確実に切り返して方向転換することが必要です。

精度もスピードも求めて行います。秒数制限を課しても良いでしょう。

試合中にトップスピードに乗ることはない　GAME

試合中は、全速力でドリブルをする場面はほとんどありません。ドリブルは主にボールを運ぶ手段で、速くても70％程度のスピード。相手を抜きにかかるよりも、前へ運ぶことのほうが多いでしょう。

ちなみに、持ち出すドリブルを100％の精度とスピードで行っているのが、メッシです。体からボールを離さず、トップスピードに乗ることで、相手をするするとかわしていきます。

メッシのように100％の精度とスピードでドリブルができる選手はごくわずか。まずは基本的なコントロールのコツをおさえましょう。

Column

選手にはリアリティを求め指導者は具体的な指示を出す

私が大学で指導をする時、選手には常にリアリティを求めます。今のプレーが実戦で使えるかどうか、です。本書でも２章や４章ではたびたび「実戦で～」という言葉で解説しています。

リアリティを持たせるためには、指導者の具体的な指示が必要です。

「止めて蹴るまでのスピードは？」
「本当に２タッチ必要だったか？ ワンタッチでプレーできたのでは？」
「もう30cm左にズレて自分の姿を見せれば、ボールを受けられるのでは？」
「20cm横にドリブルすれば、相手の重心がズレるから、相手の軸足のすぐ横でもパスが通るよ」

練習中にはこうした指示を多く出します。

指示を出す時に心がけているのは、ひとつ上のレベルを求めることです。チームメイトとの紅白戦よりも、関東大学リーグの公式戦の方がスピードも強度も高いでしょう。さらに、大学の試合よりもＪリーグ、Ｊリーグよりも日本代表、日本代表よりもヨーロッパ各国のリーグ……というように、常に今いるステージよりもひとつ上のレベルで通用するプレーを、選手たちに求めています。そのためには「考えろ」などの抽象的な指示ではなく、具体的な答えが必要なのです。

私も長くサッカー界で活動してきました。私が現役だった30年以上前と現在では時代が違い、コンプライアンスなども厳しくなっています。しかし、指導がしにくくなったとは感じていません。サッカーをプレーし、上を目指して切磋琢磨する姿勢は、今も昔も変わらないからです。選手たちには高いレベルを求め、また私自身も「自分の指導で本当に良いのか？」と自問自答を続けることで、お互いに切磋琢磨できる関係になれるのが理想ですね。

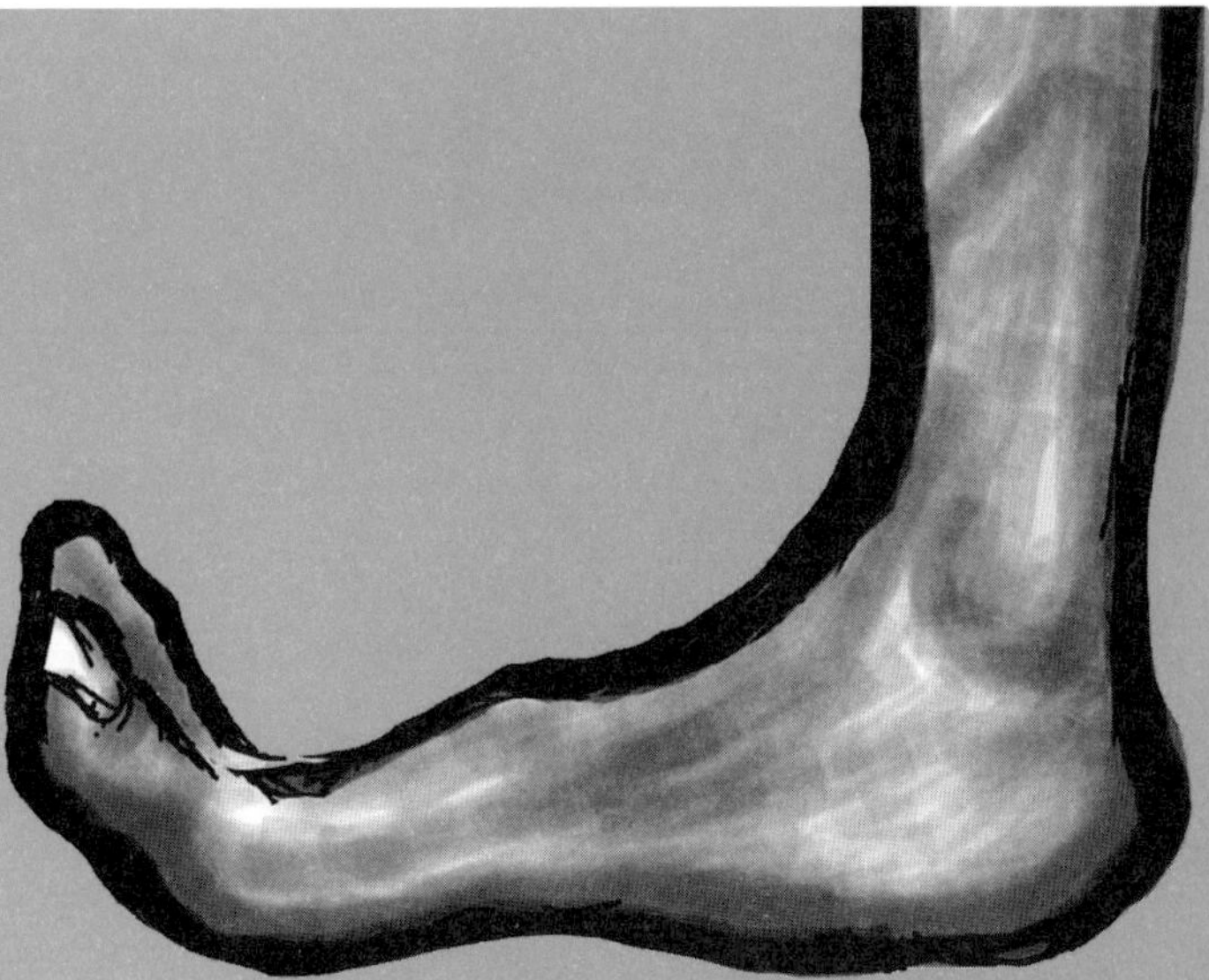

Chapter 3
足指を使ったトラップ、キック、動き

ところで、一流選手の足指はどんな状態なのでしょうか？
本当に閉じたり開いたり、曲がったりしているのでしょうか？
試合中の具体的な現象とともに見ていきましょう。

Section

01

一流選手の足指はリラックスしているのか？

これまで足指の重要性や鍛え方を解説してきました。しかし試合を見ても、足指はスパイクで隠れてしまっているので、本当にリラックスしているかどうかは見えません。一流選手の足指は、本当にリラックスしているのでしょうか？

練習ではうまいのに試合では半分の力も出せない

私が現役のころも指導者になってからも、練習ではうまいのに試合になると半分も力を出せないという選手を多く見てきました。練習ではいつもできているプレーが、試合になるとなぜかできなくなってしまうのです。

試合独特の緊張感を原因とし、メンタル面のケアを考える指導者や選手は多くなりました。しかしメンタル面だけでなく、**体全体がリラックスできているかどうかも、同じくらい重要です。**気持ちをやわらげることで体がリラックスする、体がリラックスすることで気持ちがやわらぐ。「卵が先か鶏が先か」と似たような話ですが、両面からのアプローチが必要になります。

柔道は指先をゆるめる サッカーは足指をゆるめる

柔道を見ていると、手首を振って指先の力を抜いているシーンを見かけます。柔道は指先で相手の襟などを掴むスポーツなので、指先のリラックスを重視しています。**サッカーの場合、足でボールを蹴るのですから、足指をリラックスさせることが重要です**。

一流選手のプレーは、ある場面では一見するとゆっくりしていて、手を抜いてプレーしているようにすら見えます。しかし、本当に手を抜いているわけではありません。ゆったりと動くことで周囲の状況を把握し、いざという時に足先も含めて力を入れ、プレースピードを上げられるように備えているのです。

ゆるりとした動きは、素早く動くための準備でもあるのです。

Section

02

足指でトラップすると ボール扱いから 解放される

**2章で鍛えた足指を、具体的にどのように使うのか、
段階を分けて見ていきましょう。
まずは足指で行うトラップです。**

軸

足をやわらかくし 足指を地面に刺す

まずトラップの準備として、軸足をリラックスさせます。ボールに触る側の足をどんなにやわらかくしようとしても、軸足が硬くなっているとやわらかいタッチになりません。

軸足をリラックスさせるためには、軸足の指がしっかり地面に刺さった状態になり、軸足が安定していることが重要です。「**指が地面に刺さる**」とは、足の裏全体が地面に接地している、というとイメージしやすいでしょうか。指に力が入っていると地面から浮いてしまい、体のバランスが悪くなります。逆に、足指だけが地面に接地していても、余計な力が入ってしまうでしょう。

軸足がリラックスできたら、次はトラップする足です。「ボールを止める時に面を作りましょう」と教わり、いわゆるインサイドでボールを止める選手は多いと思います。しかし実は、インサイドは部位として硬く、骨が太く重さもあるので、大きな反発力を生んでしまい、トラップミスが起こりやすいのです。

そこで使うのが足指です。**トラップの際は足指にボールを当て、つま先に近い位置でトラップすると、反発力が小さくなりボールが体から離れにくくなります**。

なぜ反発力が小さくなるのか？　足指は曲げることができるので、ボールが当たった瞬間に指が曲がり、衝撃を吸収できるからです。

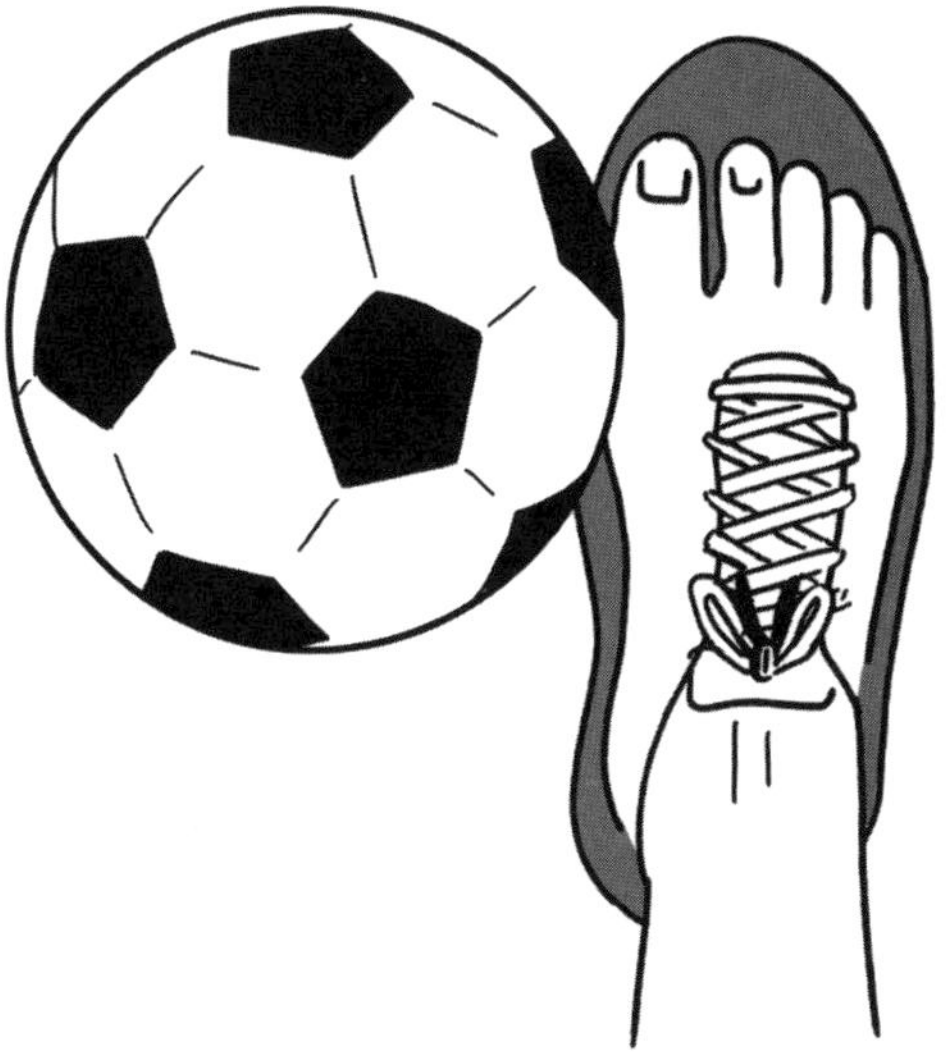

足指を使ってトラップすることで、ボールの勢いを吸収しやすくなります。

無 意識にトラップすることで周囲の情報を集めることができる

足指でトラップするコツは、ボールの軌道を認識して、しっかりと足指を合わせること。足指に当てる時は、力を抜いてリラックスし、フィットネスを高めること。そうすることで、足指がボールに当たった瞬間に衝撃を吸収するスキマができ、足元にボールを収めることができます。

足指でのトラップが習慣化すれば、**何も意識しなくても自然と足指でトラップするようになります**。そうなれば、「足のここに当ててトラップして……」といった意識は必要なくなり、無意識にトラップをした上で、周囲の情報を集めることができます。これが「ボール扱いから解放される」ということです。

ボールと周囲を同時に見ることはできません。そのため、トラップやキックなどのボール扱いは、無意識にできるようになることが理想です。

ア ウトサイドトラップは動作が少なくスムーズ

　足指のトラップなら、アウトサイドも有効です。インサイドよりもボールの衝撃を吸収しやすいので、うまくリラックスできればインサイドよりも正確にトラップできます。足指全体を使って、こするようにトラップすると良いでしょう。

　アウトサイドトラップの利点は、動作が少ない点です。例えば普通に歩く時は、足は前を向いていますよね。アウトサイドのトラップは、普通に歩く状態に近い姿勢なので、大きな動作が必要ないのです。**動作が少なければ、相手にプレーを読まれにくく、次のプレーにもスムーズに移ることができ、体の負担も少なくなります。**

アウトサイドのトラップは、体の負担も少なく、うまく身につければインサイド以上に正確なコントロールができます。

Section

03

足指を使えばインフロントキックは自由自在

**次に、足指でボールを蹴る方法です。
具体的には、インフロントキック。
自陣から大きくクリアする時、CKやFKでカーブをかける時など、
多様な場面で使われるキックです。**

インフロントキックは体の負担が少ない

ボールを蹴る時にも、足指を最大限に活用します。特に私は、インフロントキックを多用します。インフロントキックは、体への負担が少ないキックだからです。

サッカーでキックというと、インサイドキックを思い浮かべるのではないでしょうか。サッカーを始めた時に最初に覚えたのがインサイドキック、という人も多いでしょう。

もちろんインサイドキックを使う場面は多く、身につけるべき技術のひとつです。しかし、**股関節を開いて大きく蹴るため体への負担が大きい、キックモーションが大きく相手にバレやすい**、というデメリットも覚えておくべきです。

キックの直前ギリギリまで足指で調整する

それに対してインフロントキックは、股関節の開きが少なく、体への負担も軽いキックです。キックモーションも小さく、相手の逆をつくこともやりやすい。**うまく身につければ、インサイドキック以上の正確性を持たせることもできます**。

インフロントキックは、より足指が関係します。そもそも親指の付け根あたりにボールを当てて蹴るキックですが、蹴る瞬間に足指を調節することで、キックのコースや回転、スピードなどを変えることができるからです。1章P32で、中村俊輔は「FKを蹴る直前までGKを見て、ギリギリで判断を変える」と述べました。これができるのも、足指をギリギリまで動かせるからです。

インフロントキックは、インサイドキックよりも股関節の開きが少ないため、体の負担も軽減できます。

足

指の立て方でキックの強弱を調整する

ここからは、具体的にインフロントキックをどのように蹴るのかを見ていきましょう。

まず、どのように使い分けるのか？　主にキックの強弱です。**速いボールは親指を立てて蹴る**ことで、ボールに当たる足の面が大きくなり、ボールスピードも上がります。反対に、**自陣からのクリアやサイドチェンジなど、ゆったりとしたロングボールを蹴る場合は、足指を寝かせます**。ボールに当てるのは、どちらも足指の付け根の部分です。指を立てているかどうかは、スパイクを履いていればほとんどわかりません。つまり、ほとんど同じフォームで強いキックと緩やかなキックを使い分けられるのです。

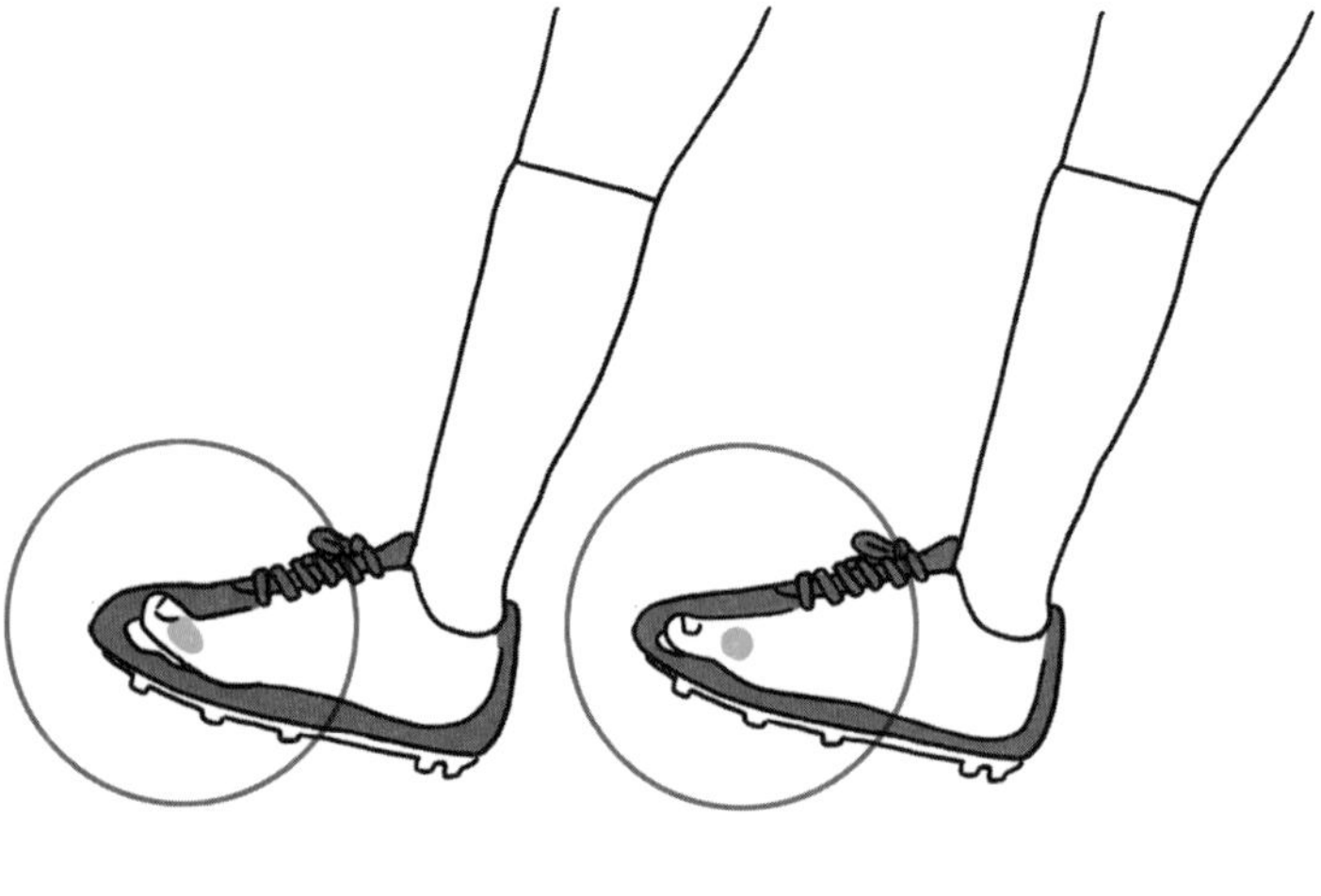

キックフォームを変えずに蹴り分けることができれば、相手にもプレーがバレにくくなります。

ボウリングの投球のように足指で擦り上げる

もうひとつは、カーブをかけたキック。CKやFKでは、ボールを擦るように蹴ることでカーブをかける、という選手は多いと思います。その際の擦り方も、**足指の付け根からボールに当て、足指を始点に足全体で撫でるように擦ります**。

イメージは、ボウリングの投球。ボウリングでもカーブをかける際は、なるべく長くボールを持ち握手をするように手を差し出す、とイメージするようです。サッカーのカーブキックも同じように、ボールと足が接触する時間を長くすることで、その差は0・0001秒かもしれませんが、カーブの度合いや細かなコントロールを調整することができます。

握手する時に手を差し出す動作を、インフロントキックで行うイメージです。足がボールに触れる時間を少しでも長くすることで、微妙なコントロールを調整できます。

Section

04

足指を地面に刺して動く

**足指は、アクションを起こす際に最初に動かす部位です。
足指がスムーズに動けば、その後のふくらはぎ、太もも、股関節なども、
スムーズに動かすことができます。
スムーズな動きは、体全体の負担を減らします。**

筋肉や体幹を支えているのは足指

「体を動かす」と聞くと、太ももやふくらはぎといった大きな筋肉を使い、体幹でブレない体を作って動く、というイメージを持つ方も多いのではないでしょうか。決して間違いではありませんが、筋肉も体幹も、支えているのは足と足指です。また、体を動かす時に真っ先に動く部位も足指です。**足指をしっかり地面に刺して踏ん張る力がないと、足の上にある筋肉や体幹は役に立ちません。**

足と足指は、体を支える土台の部分。東京スカイツリーのような立派な建物も、土台がしっかりしているから、あれだけ高くても倒れないわけです。同じように、人間の土台は足と足指ということです。

相手より先にフライングできるかどうか

サッカーで求められるのは、いかに速くトップスピードでダッシュするか。50m走を何秒で走れるかよりも、**相手より先にフライングできるかどうかが重要なのです**。相手の先手をとれれば、改めて1対1の勝負をしたり、競走して走り勝ったりする必要がなくなり、自分たちのペースで試合を進めることができます。

現在指導している拓殖大学でも、一歩目から全速力に乗せられる選手は多くありませんが、徐々に足指からダッシュできる選手が増えてきたことで、プレーが変わってきています。

そうした「一歩目の速さ」を生むのは、ふくらはぎや太ももの筋肉ではなく、足指の力です。

実際の試合では、相手よりも先に動くことでプレーに余裕を持つことが重要です。

足 指の腹で地面を蹴り反発力を最大限に生かす

速い一歩目を生み出す足指の使い方は、足指の腹で地面を捉えてから蹴ることです。そのためには、足指の第一関節を曲げられることが必要です。2章P80で解説した、「片足カーフレイズ」のような状態ですね。

この時に気をつけなければいけないのは、足裏全体ではなく、**足指の腹で蹴ること**。足裏全体で反発力を生もうとすると、足が地面に埋まってしまい、一歩目が遅くなります。足指の第一関節が曲がらない人は地面を掴めず、地面を足指で蹴ることができません。足指が使えないと足裏全体に力が入ってベタッとなってしまいます。

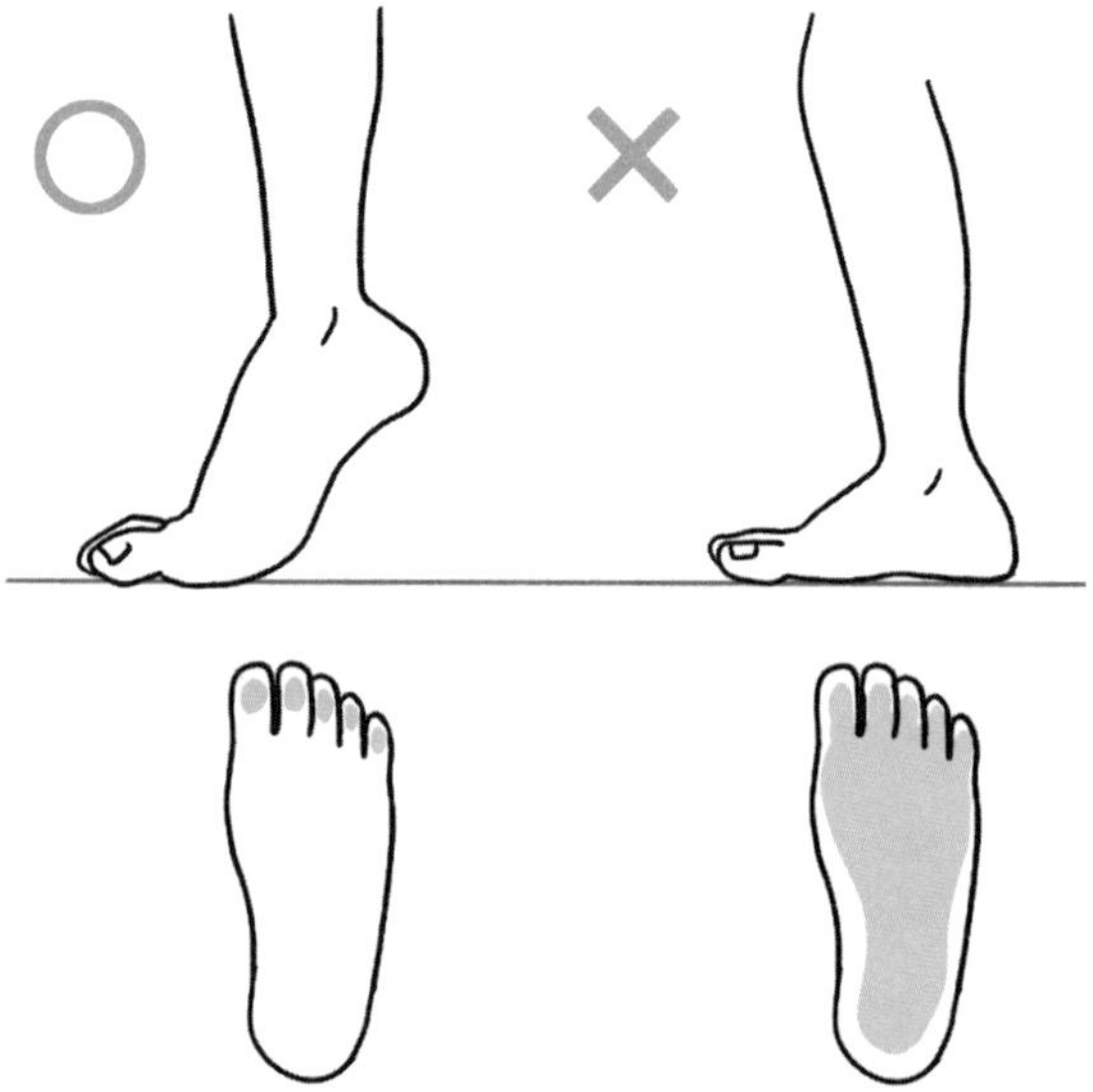

ダッシュの一歩目で重要なのは、足指の腹で地面を蹴ること。さらに細かい意識が必要になりますが、サッカーはディテールが勝負を分ける世界です。

　また、足指の力が使えるようになるとジャンプの着地も変わります。指先から着地し、徐々にかかとへ着地面が広がっていくという動きになり、**着地時の衝撃が軽くなるので、体への負担が小さくなります**。着地の衝撃は、膝や腰など、おもに関節へのダメージを蓄積させるので、衝撃を小さくするに越したことはありません。反対に、足指を使えず足裏全体で着地してしまうと、着地の衝撃は軽減できず、体にダメージが溜まっていくでしょう。ダメージが溜まれば、当然怪我もしやすくなります。

　最後のメリットが、急停止です。ダッシュをしている中で足指で踏ん張ってギュッと止まり、100のスピードから0にする。この揺さぶりで、相手からのマークを外すことができます。

着地がスムーズになれば、次のプレーへの移行もスムーズになり、相手よりフライングできる可能性が高まります。

Section

05

足指をうまく使えていないとどうなる?

足指を鍛えることのメリットを述べてきました。反対に、足指を鍛えないことのデメリットをこのSection5で解説します。

サッカーは360度いつ動き出すかわからない

ここまで足指を使うことのメリットを述べてきました。では逆に足指を使えないことのデメリットはなんでしょうか?

まず**一歩目が遅くなり、フライング(P123)ができなくなります**。360度あらゆる方向に、いつ走り出すかわからないサッカーというスポーツでは、フライングができないことは大きなハンデです。また同様に、**急停止もできません**。2つを合わせて考えると、フライングができないため相手の後手に回ることになり、競走の中でも相手に振り回されることになります。受動的に動くしかないため、体の疲労も溜まり、怪我のリスクも高まるでしょう。

体を自由に動かすことができなければ、ボールを自由に扱うことも難しいでしょう。足指でのトラップができなければ、トラップの際にボールが自分の足元に収まる確率が下がります。うまくトラップができなければ、**ボールが収まるまでボールに意識を集中させることになり、周囲の把握ができません**。トラップをする、周囲を把握する、次のプレーを判断する、実行に移す、という各駅停車のようなプレーになるので、クリエイティブな発想は生まれません。

クリエイティブなプレーは、**ボール扱いから解放された状態の中で、ボール以外の要素を把握することで、初めて生まれてきます**。足指を鍛え自由に動かすことが、ボール扱いから解放される第一歩だということです。

プレーが各駅停車になれば、その間に相手から距離を詰められ、ボールを奪われる可能性が高くなります。

相手の動きを見てから後出しジャンケンができる

より具体的な現象で考えてみましょう。例えばドリブル。２章Ｐ１０９でも解説したように、ドリブルは足指で触り続けることで、繊細なコントロールが可能になります。足指でコントロールができれば、**相手が飛び込んできた時にボールを少し触って方向を変える、といった後出しジャンケンができます**。

足指でのドリブルができないと、ボールを触るたびに強い反発が生まれ、ボールが体から離れている時間が長くなり、相手の動きに対応することが難しくなります。メッシ、ロナウジーニョ、ネイマールなどを見ても、ボールは体のすぐそばにありますよね。

ドリブルが大きくなってしまい、コントロールに気を取られているうちに、相手に奪われてしまう、という経験があるのではないでしょうか？　そうしたことも、足指を使うことで防ぐことができます。

ボールに触らない方の足の可動域が広がる

もうひとつ注目したいのが、ボールに触っていない方の足です。足指を使うことができていれば、膝がやわらかく曲がり、可動域が広がっています。関節がやわらかければクイックネスを発揮した動きでも体への負担が軽くなり、長い時間のプレーが可能になります。足指がうまく使えていなければ、これと真逆のことが起きると考えてもらってかまいません。

まとめると、足指が使えていない場合、**自在に動きたい方向に動けず、軸足が不安定になってトラップが硬くなり、ドリブルも体から離れやすくなり、怪我もしやすくなります**。良いことが本当にひとつもありません。

足指が使えないと、体の軸が不安定になり、ボールコントロールも安定しません。

Section

06

「足指」を鍛えてクリエイティブを育む

**クリエイティブな選手の土台は、フィットネスとクイックネス。
フィットネスとクイックネスを生み出すのが、足指の力。
ひいては、足指の力を鍛えることで、
豊かな発想が生まれるといっても過言ではありません。**

クリエイティブなプレーは生まれつきのものではない

私が本書を通して強く伝えたいのは、「**クリエイティブなプレーは生まれつきのものではない**」ということです。足指を使うのは、クリエイティブな選手になるための土台。指先まで意識を張り巡らせてプレーすると、体を自在に扱うことができ、体を自在に扱うことがボール扱いの幅を広げ、ボール以外のピッチ内の状況を把握することにエネルギーを使うことにつながります。そうした状況把握が考えの幅につながり、豊かな発想を育んでいきます。

そして足指を鍛えることは、いつでも誰でもできます。授業中や仕事中に座りながらくねくね動かすだけでも、足指への刺激になります。

サッカーは騙し合いのスポーツ

サッカーにおける賢さとは、**相手が考えている逆のことを実行することです**。つまり、相手を騙すこと。日本人は「騙す」という言葉を嫌う傾向がありますが、**サッカーは騙し合いのスポーツです**。お互いにどんなプレーをするかわからない中で、相手の動きを瞬時に見抜き、こちらが後出しじゃんけんをする。その駆け引きを繰り返すことで、自分が主導権を握ることができます。自由な発想とプレーはここから生まれてくるのです。

そして自由な発想を実現させるためには、自分の体を自由に扱うことが重要です。その手始めが、体全体を支えている足指のトレーニングということなのです。

通さん!!
こっち!!
読んでるぞ!!
こっち!!
あっ!!
と、見せかけコッチだ!!

「騙す」というと聞こえは悪いかもしれませんが、相手との駆け引きの中で裏をかくことは、サッカーに不可欠な要素です。

指

導者とは 道を指し示し導く者

選手の発想を育むうえで、指導者の声かけも選手の助けになります。やってはいけないのは定型文での声かけです。「シュートは枠に入れよう！」や「パスは正確に蹴ろう！」などが代表的な定型文ですね。

私の場合、練習で起こり得るシチュエーションを先回りして「この練習をやると●●するような選手多いから、そればっかり見せられるとがっかりしちゃうぞ俺は」という言い方をします。「まだ君たちだときっとこうなると思うけど、もし違うプレー見せてくれたら俺はびっくりするね」という形で、**ありがちなミスを避けつつ、選手の自尊心をくすぐるような声かけをします。**

そんなプレーばっかりじゃ
ガッカリしちゃうぞ俺は

理論だけでなく、選手への声の掛け方は非常に重要です。指導者の言葉を響かせるためにも、普段から選手との関係性を構築する必要があります。

すると選手たちは、指導者にアピールして試合に出たいので、自由な発想でプレーしてくれるんですよね。**私の評価基準がミスをしないことではなく、大胆にチャレンジして驚かせることであると、選手に伝わっているからです。**もちろん失敗してしまうことも多いのですが、起こった現象に対して後から注意するのは、私の仕事ではありません。

指導者とは、文字通り「道を指し示し導く者」だと私は考えています。練習の前に意図する道と、意図しない道を示した結果、選手が私の想像を超えてまったく新しい道を進み始める時もあります。そのようなプレーを見せてくれた時、選手たちに私の言葉が伝わったのかなと嬉しくなります。

密集してるけどチャレンジすれば突破できる!!

私は「大胆にチャレンジして、観客や指導者を驚かせること」を選手たちに求めています。

失敗しないプレーだけを続けるならサッカーじゃなくていい

一方、選手たちの心構えは、**人と違うプレーをすることを良しとすることが大事です**。クリエイティブな選手の中には、安定していいプレーができる選手が含まれるように、失敗しないことはとても大事です。しかし、失敗しないプレーだけを続けるなら、わざわざサッカーをプレーする必要はありません。安定感のあるブスケツも1試合の中で数回、リスクを冒して驚くような縦パスを供給します。100人中99人が選ばないプレーでも、成功したら100人が褒めてくれるのがサッカーです。安全なプレーだけでなく、状況を見極めてリスクを冒し、見る人を驚かせるプレーをする。これこそがサッカーの醍醐味ではないでしょうか。

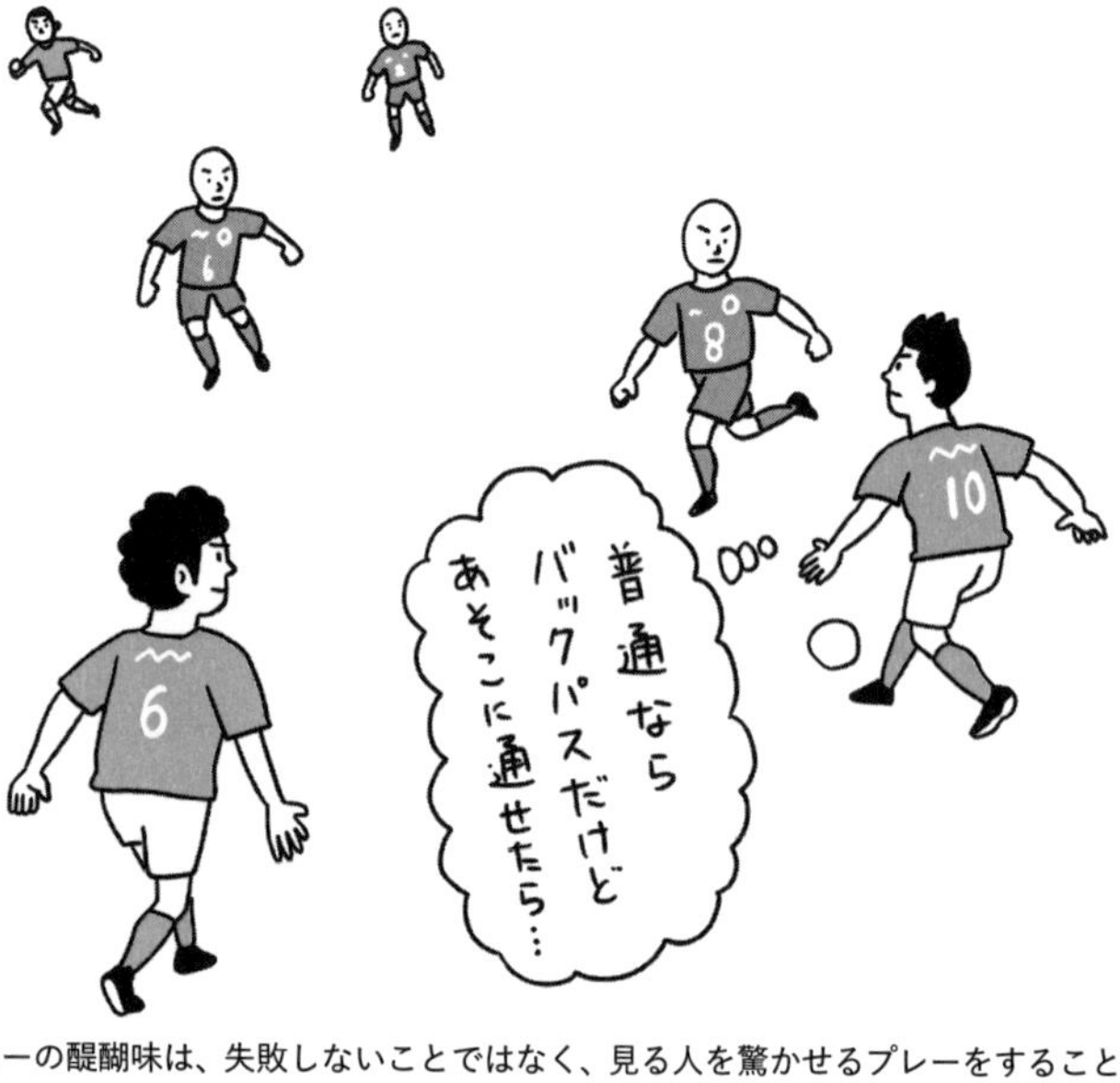
普通ならバックパスだけどあそこに通せたら…

サッカーの醍醐味は、失敗しないことではなく、見る人を驚かせるプレーをすること。そうしたプレーを、何より選手自身が楽しむことです。

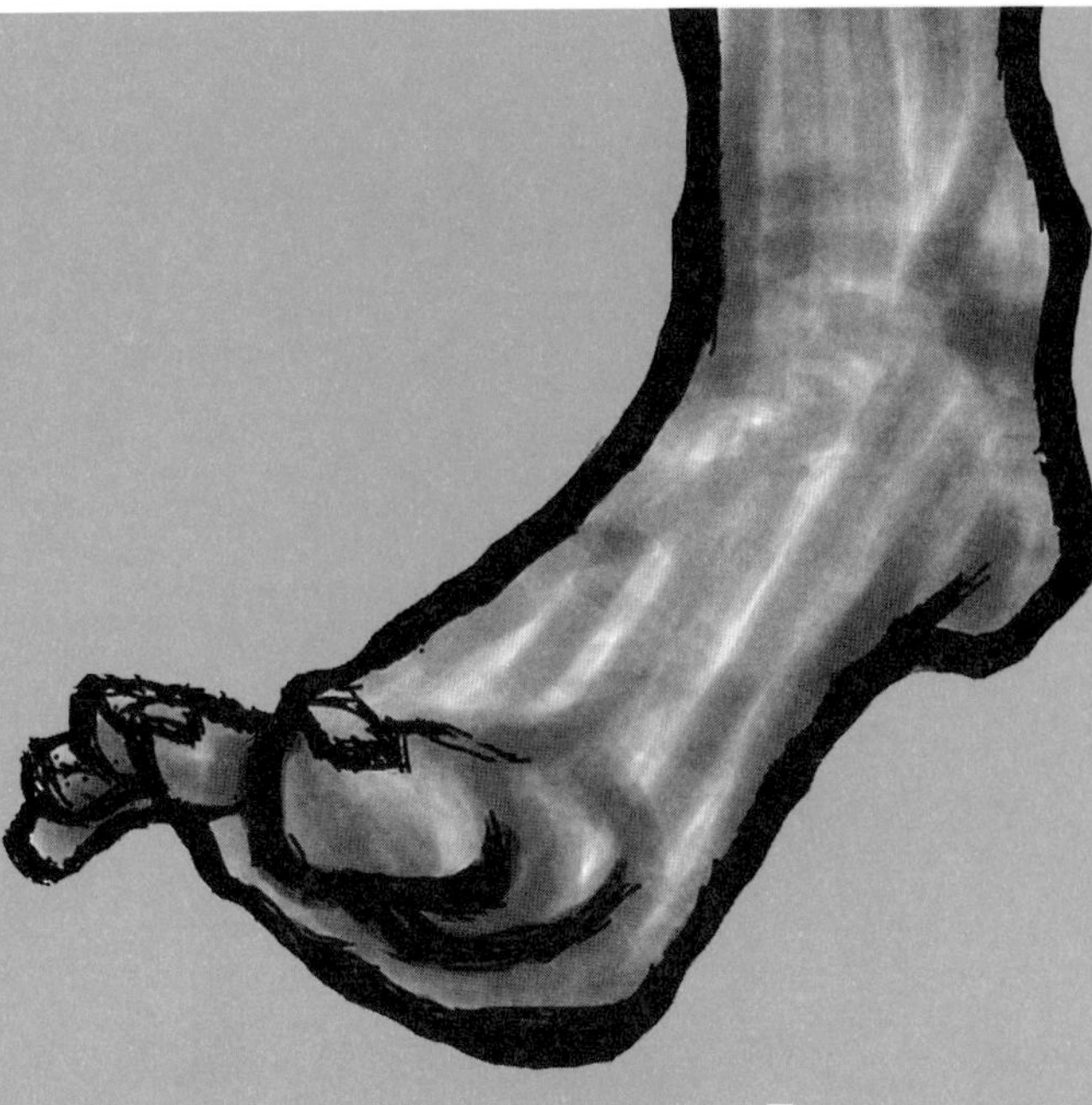

Chapter 4
足指を操る実戦メニュー

4章では、実戦を想定した練習メニューを紹介します。
ウォーミングアップで行う遊びの要素が強いメニューから、
実際に試合で起こり得るシーンを想定した
シュート練習まで網羅しました。
いずれのメニューでも、
足指を意識して取り組むことが重要です。

MENU #01

ボール鬼

クイックネスでマークを外す、ボールを受けたらすぐに次のプレーを実行するという、実戦に近い状況を、まずは手を使って体感します。

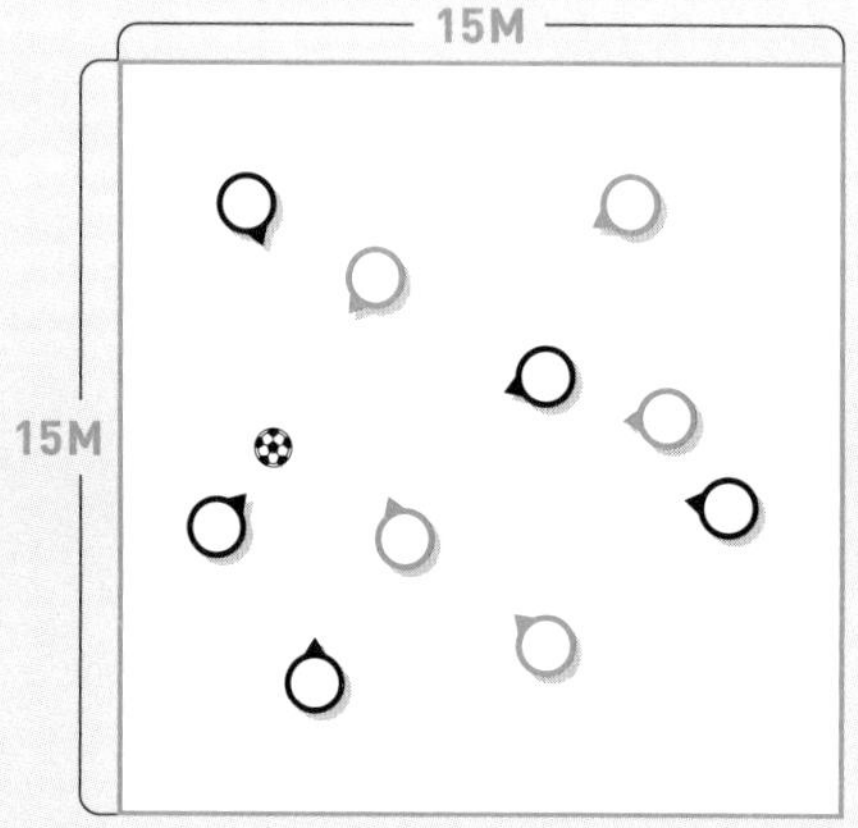

1. 15m四方のグリッドを作り、５人１チームを組んで２チーム入る
2. 手でボールを投げてパス回しを行い、投げた後にヘディングでつなぎ、受け取ることができたら１点
3. ボールを持っていない側は、ボールを持っている選手にタッチできたら攻守交代
4. １分間でポイントを多く稼いだチームの勝利

POINT

数的同数、ボールを持っている時にタッチされれば攻守交代というルールでは、マークを外すこと、ボールを持つ前から周囲の状況を把握しておき、ボールを持ったらすぐに実行に移すことが求められます。これらは実戦に近い状況なので、まずは手で行うことで感覚を養います。練習の難易度は、人数とグリッドの大きさで調整しましょう。

MENU #02

股抜き合戦

遊びながらボールタッチの感覚を養う練習です。
股を抜く際、相手がすぐに触れられる程度の強さでボールを転がします。

1. 2人一組でボールをひとつ持つ。向かい合って待機し、1人は足を開き、1人はボールを持つ
2. 笛を合図にスタート。ボールを持っている方が相手の股を通す
3. 股を通された選手はすぐに反転しボールを拾い、2タッチで再び相手の股を通す
4. ❷❸を20秒繰り返す

POINT

股を抜かれた後、すぐ反転してボールに追いつき、すぐ相手の股を抜く、という繰り返しを行います。テンポよく進めるためには、反転した後の2、3歩のダッシュと、股を抜くボールを出す時に相手から離れすぎない力でコントロールすることが重要です。蹴る力が強すぎると、ボールが遠くまで転がってしまい、次の股抜きが遅くなります。

MENU #03

背中合わせドリブル

2人がそれぞれボールを持ち、背中合わせでドリブルします。
繊細なコントロールと、相手を見てプレーすることが求められます。

1. 5m四方のグリッドを作り、2人が入る
2. 2人それぞれがボールを持ち、背中を合わせて待機
3. 笛を合図にドリブルをスタート。背中を合わせたまま右に回転する
4. 20秒で終了。反対方向の回転も同様に行う

POINT

ウォーミングアップの要素が強いメニューです。2人が背中を合わせたまま回転するには、ボールを足元に収め続ける必要があります。大雑把なタッチでボールが体から離れてしまうと練習が成立しません。また、回転やドリブルのスピードを2人で合わせる必要もあります。自分のコントロールだけでなく、相手を見ながらプレーする練習にもなるでしょう。

MENU #04

逃げドリブル

狭いグリッドの中でドリブルするメニューです。
相手の裏をかく急旋回ができるかどうかがポイントになります。

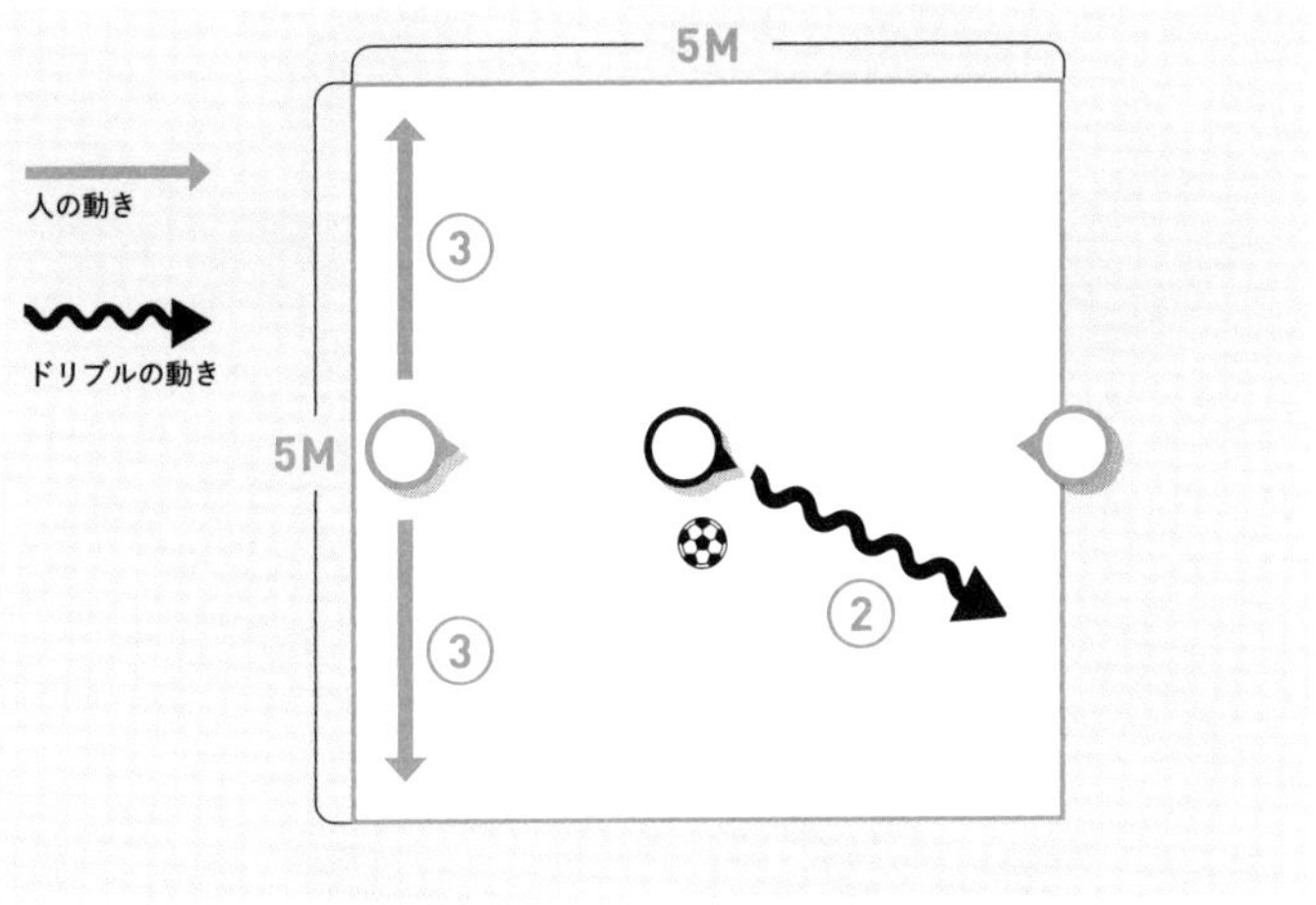

1. 5ｍ四方のグリッドを作り、対面の辺にDFが１人ずつ、ボールを持ったOFが中央に１人入る
2. 笛を合図にドリブルをスタート。OFはどちらかのDFをドリブルで突破すると１点
3. DFが動くのはライン上のみ。OFが突破する方向はどちらでもよく、何度切り替えしてもOK
4. 20秒で何点とれるかを競う

POINT

守備は基本的に狭いスペースに追い込んだ方が有利になります。そのため、５ｍ四方しかないこのメニューは、最初からDFが有利な状況。これを突破するためには、いかにクイックネスを発揮し、急旋回でDFの逆をとれるかどうかにかかっています。自分の体を急旋回させるための、地面を掴む足指と、急旋回にボールを連動させる足指の、両方が重要です。

MENU #05

ボール2個対面パス

リズムと呼吸を合わせて、ボールを2個使ってパス交換を行います。
正確なトラップとパスが求められるメニューです。

1. 2人一組になり、それぞれひとつずつボールを持つ
2. 笛を合図にパス交換をスタート。相手の左足に向かって、右足でパスを出す（反対も可）
3. パスを出したら、その流れのままトラップ。次のパスを出せる場所にワンタッチで置く
4. ❷❸を20秒繰り返す

POINT

「トン、トン、トン、トン」と、よどみなくボールが流れる状態が理想です。重要なのは、相手の足にまっすぐパスを出すこと、トラップの際に次のパスを出せる場所にワンタッチで置くこと。２人が同じリズムを取る必要があるため、パスは速すぎても遅すぎてもいけません。トラップは「５本指の引きつけ」（P74）でも良いでしょう。

MENU #06

移動対面パス

対面パスに激しい前後の動きを加えたメニューです。
足指を使った正確なトラップと、バックステップのブレーキを意識します。

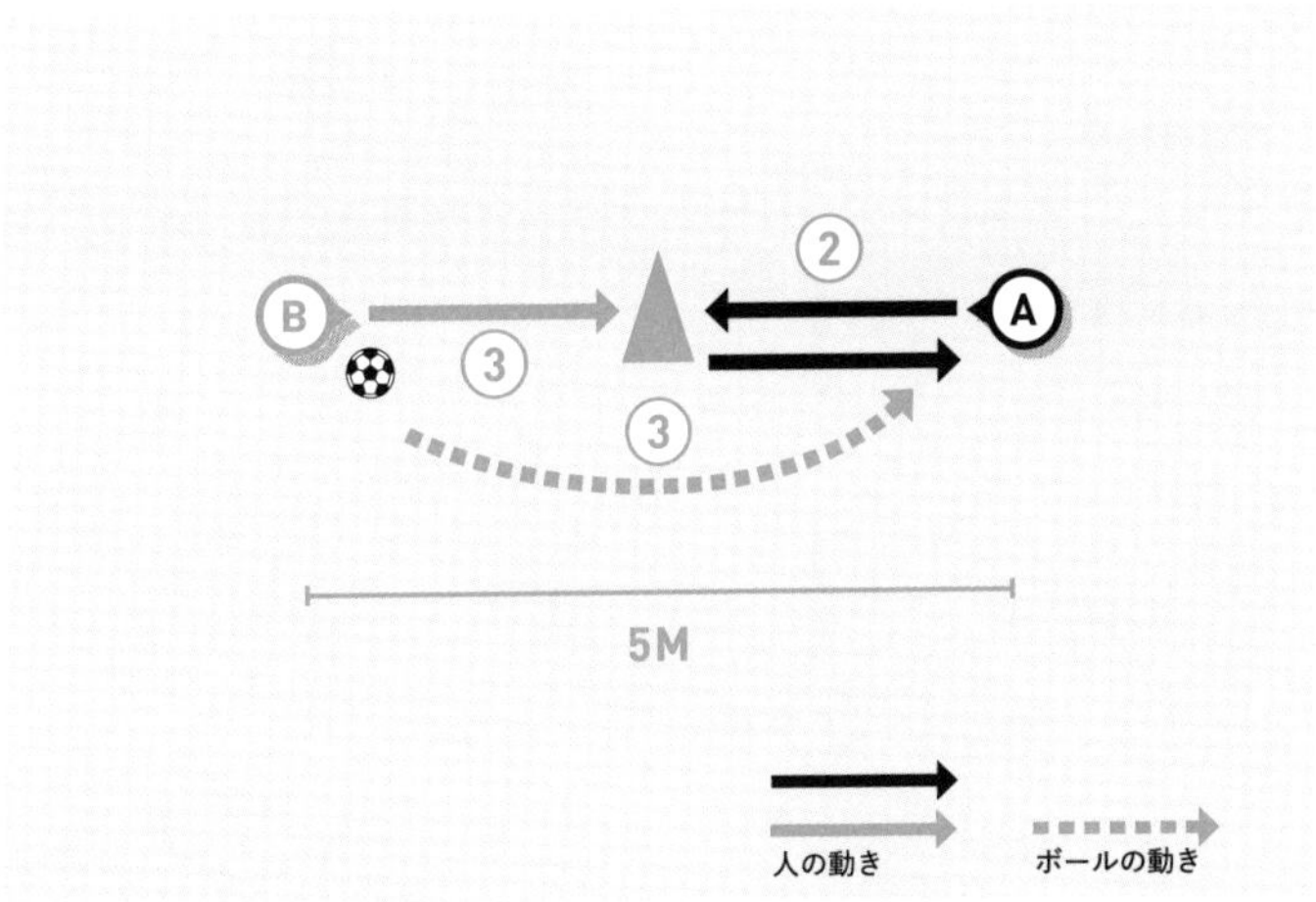

1. 2人一組でボールをひとつ持つ。5m程度離れ、2人の間にコーンを置く
2. 笛を合図にスタート。ボールを持っていないAはコーンに触り、すぐにバックステップで離れる
3. ボールを持っているBは、Aがコーンに触ったらパスを出し、すぐにダッシュでコーンに触る
4. AとBで交互に同じ動きを20秒繰り返す

POINT

前後に動きながらパスの出し入れを行い、足指の感覚を養うメニューです。動きながら自分に向かってくるボールを正確にトラップするためには、足指でクッションを作り、ボールの勢いを吸収する必要があります。また、バックステップの最中にパスが来るので、トラップの瞬間には足指で地面を掴んでブレーキをかけ、パスを出すと同時にダッシュします。

MENU #07

コーンパス

移動しながら、コーンの間を正確にパスするメニューです。
リズム良くパスをすることで、良い距離感をイメージしやすくなります。

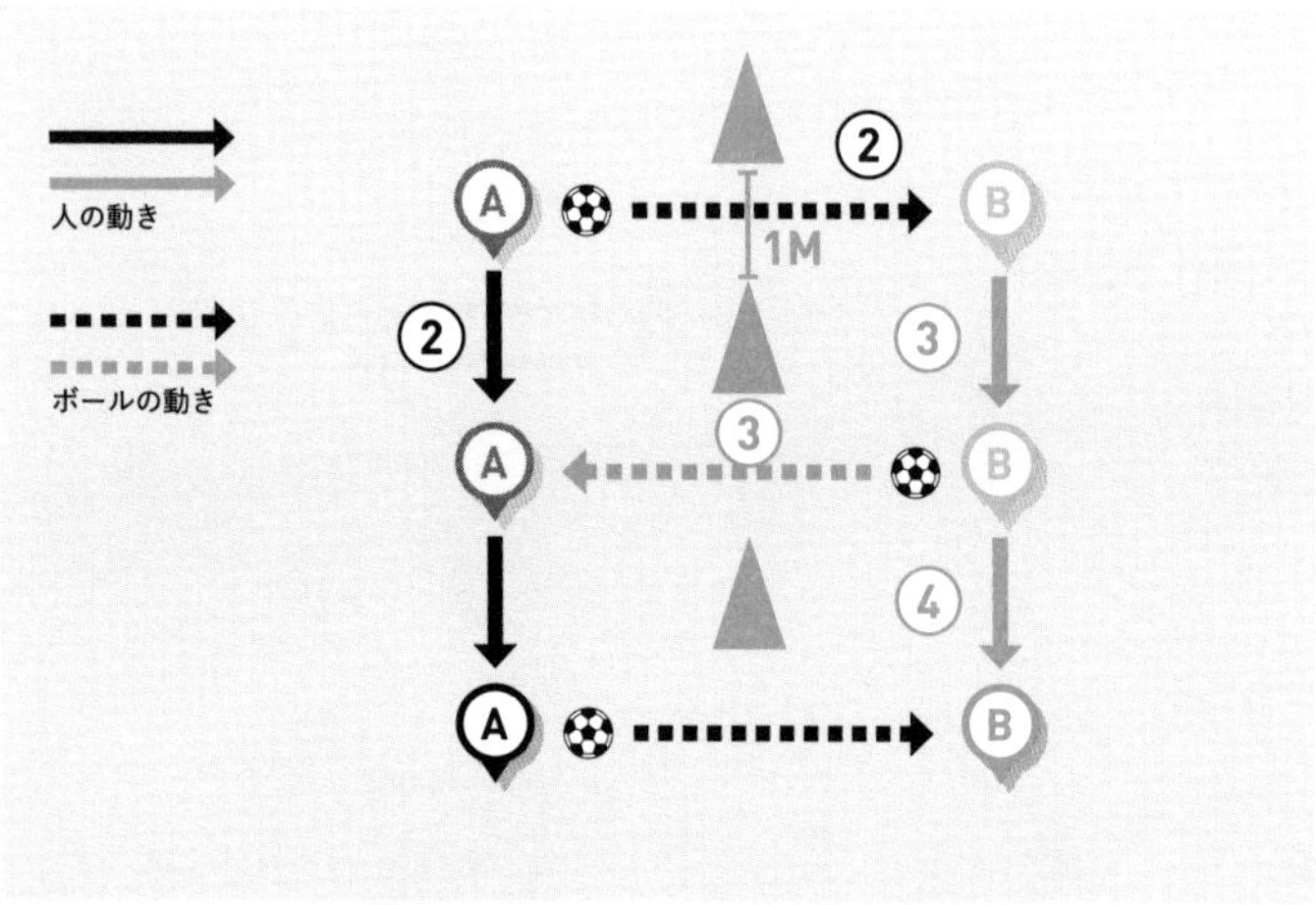

1. 2人一組でボールをひとつ持ち、マーカーを1m間隔で3つ置く
2. ボールを持っているAがBへパスを出しスタート。Aはすぐに次のコーンへ移動する
3. ボールを受けたBは、トラップで次のコーンまで移動し、2タッチ目でAへパスを返す
4. Bはパスを出したら再び次のコーンへ移動する。これを繰り返す

POINT

障害物を避けて移動しながら2タッチでテンポ良くパス交換を行います。トラップとパスは、足のどの部位を使ってもOK。リズムが崩れないようにすることが重要です。

パスは強すぎても弱すぎてもいけません。相手の移動に合わせながらちょうど良い強さで、相手が走り込むタイミングに合わせて、正確に出すことを意識しましょう。

MENU #08

頭越しリフティング

後ろから落ちてくるボールは、コントロールが難しいものですが、足指を使って正確に自分の足元に収める感覚を養うことができます。

1. 2人一組でボールをひとつ持つ
2. 片方の選手がリフティングをはじめる
3. 何回かリフティングした後、相手の選手の頭を越えるように浮き玉のパスを出す
4. もう1人がコントロールしてリフティングを続ける。これを繰り返す

POINT

頭上を越えて後ろに落ちるボールは、落ちる軌道の目測が難しく、ボールの勢いにタッチが負けてしまいがちです。そこで足指をしっかり使ってコントロールすることで、自分がプレーできる範囲の中にボールを収めます。難しければ、リフティングではなく頭越しにボールを投げて行います。慣れてきたら、徐々にボールを高く上げてみましょう。

MENU #09

ボール2個リフティング

2人一組でボールを2個使い、リフティングでパス交換を行います。
足指の感覚を養うのが一番の目的です。

1. 2人一組になり、それぞれひとつずつボールを持つ
2. 同時にリフティングを始める
3. ボールを落とさないようにリフティングを続け、タイミングを見て、2人同時にパス交換する
4. ❶〜❸を繰り返す

POINT

パス交換はボールが衝突しないように、1人が高いボール、もう1人が低いボールでパスを出すのがポイントです。高いボールを受ける選手の方が、トラップは難しくなります。

またトラップは、足指を使ってボールの勢いを吸収します。インサイドやインステップなどの簡単な方法に逃げずに、足指で衝撃を吸収する感覚を身につけましょう。

MENU #10

頭当てリフティング

足と頭を使って、2人一組でリフティングを行います。
キックとヘディングのパス交換をするイメージで行いましょう。

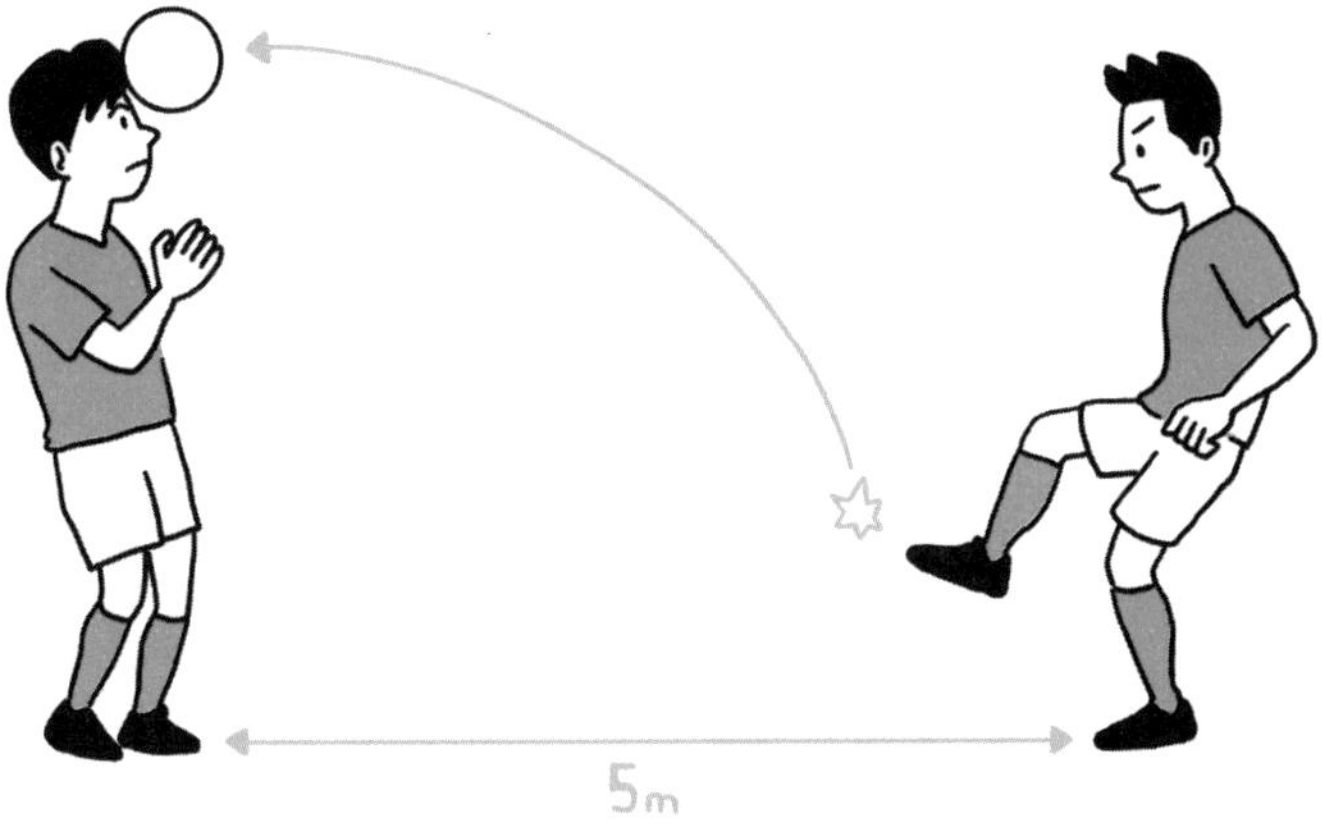

1. 2人一組になり5m程度離れる
2. 1人はキック、もう1人はヘディングで、ボールを地面に落とさないようにパスを交換する
3. ふんわりとしたパスではなく、頭と足を目がけて素早く蹴る
4. そのままダイレクトでパス交換を行う。10回続けたら終了

POINT

メニュー名は「リフティング」ですが、キックとヘディングでパス交換を行うようなイメージです。浮いたボールでの速いパス交換は、ボールに勢いがつきコントロールが難しくなるので、蹴り足の足指でボールを制御すること、軸足の足指で地面をしっかりと掴むことの両方が重要です。「トントントン」とテンポ良くパスを交換しましょう。

MENU #11

対面パス

オーソドックスな対面パスですが、より速く、より正確に行うことを
強く意識することで、実戦に役立つメニューになります。

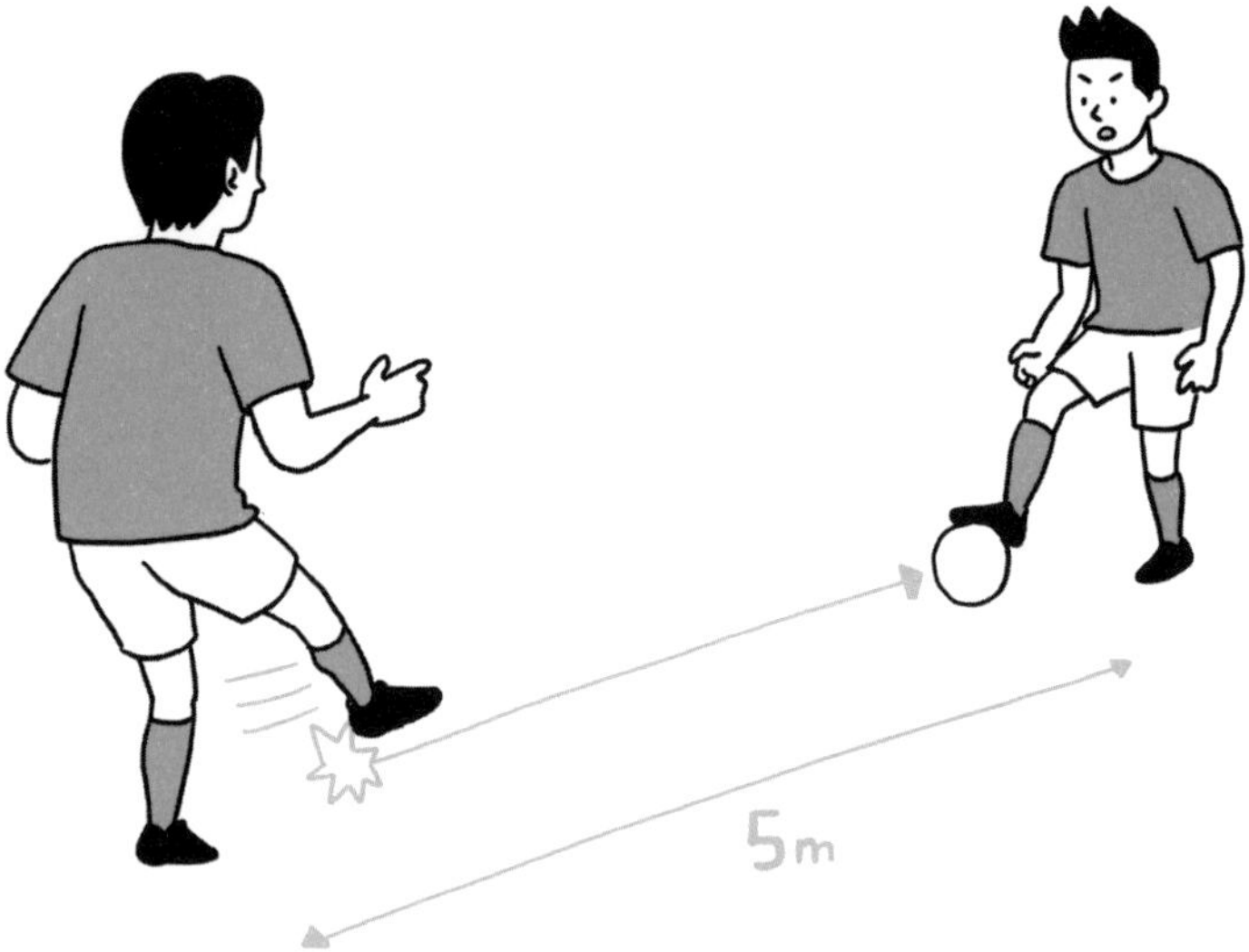

1 2人一組になり、5m間隔のパス交換を20秒行う。タッチ数は2タッチ以下

2 慣れてきたら、トラップした足を地面につけずに蹴る

蹴り足、軸足、ともに足指を意識する　POINT

軸足、蹴り足、ともに足指が深く関わります。正確なパスでボールを相手に届けるためには、ボールを蹴る方の足は、「5本指の引きつけ」（P74）のようにしっかりと指を立てます。また、体を支える方の軸足は、「オープンキャッチ」（P78）でしっかりと地面を掴みます。本書でこれまでに紹介してきた練習を意識しましょう。

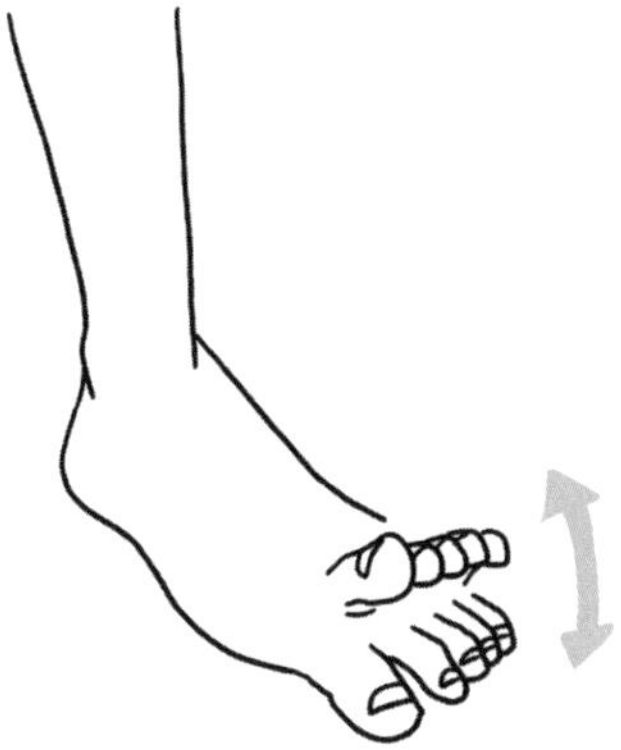

単純なメニューだからこそ、基本を意識することが重要です。

実戦を意識したパス交換を行う　GAME

単純なパス交換ですが、精度とスピードにこだわり、実戦に生かせるように意識します。相手の足元に速く正確にボールを届けること。パスの際にはバックスイングをなるべく小さくし、て、トラップからパスまでの時間を短くし、実戦で相手にバレないパスを出すこと。こうした意識を持つだけで、シンプルに見えるメニューが実戦的なものになります。

スイングを小さく、振りを速く。どんなキックにも共通している要素です。

MENU #12

四角パス

単純なパス交換に移動の要素を取り入れたメニューです。
パスの角度も変わり、実戦に近い動きになります。

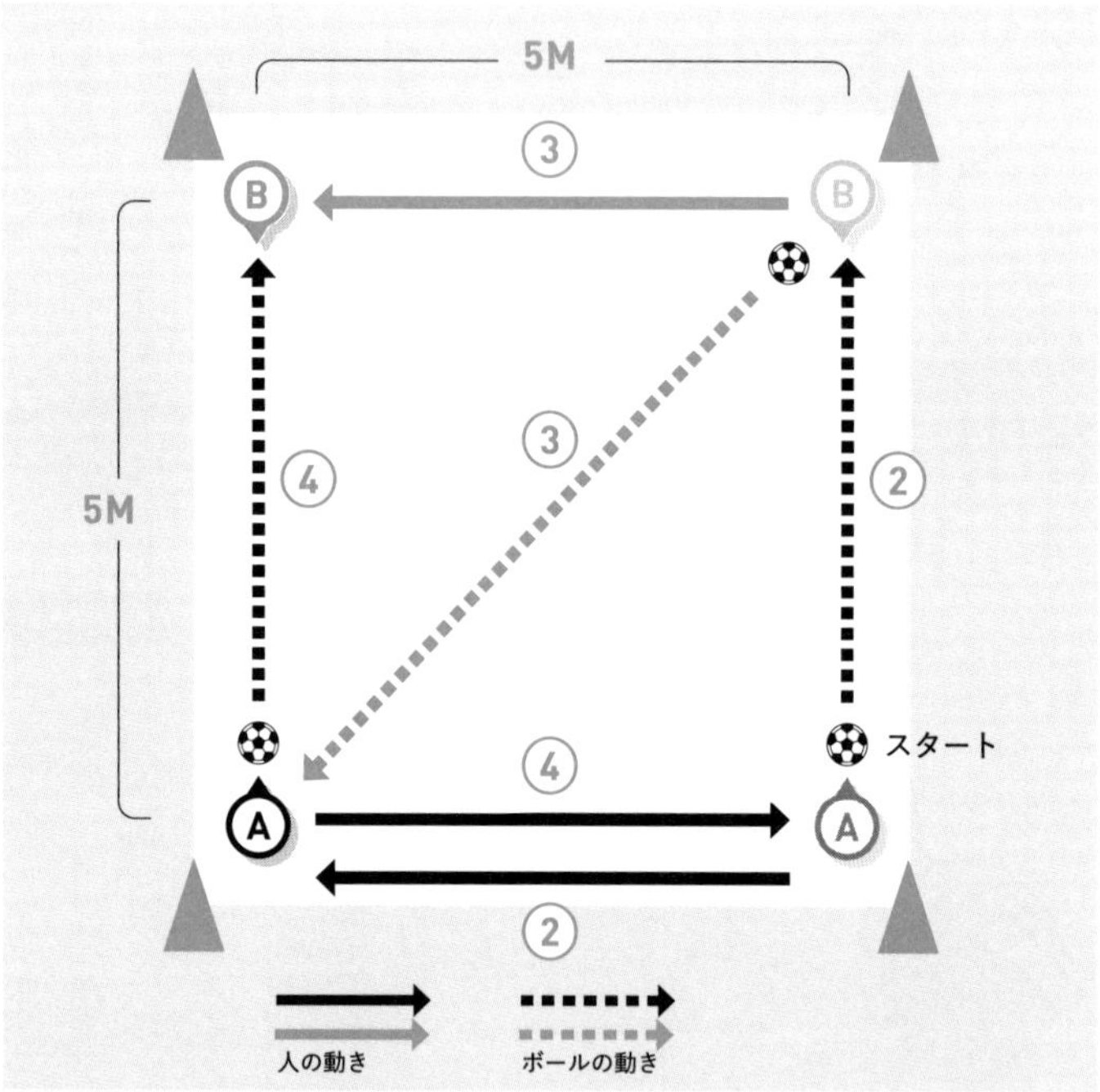

1. 5m四方のグリッドを作り、AとBの2人が頂点に立ち、ボールをひとつ持つ
2. 笛の合図でパス回しを開始。AはBの足元へパスを出し、すぐ横に走る
3. Bは、ワンタッチでAの走る先へパスを出し、すぐ横に走る
4. Aは、ワンタッチでBの走る先にパスを出し、元の場所に戻る。これを30秒繰り返す

正確なパスと直後のダッシュが重要 POINT

パスはすべてダイレクトで、なるべく速いスピードのパスを出します。ボールを浮かさず正確なパスを出すためには、「5本指の引きつけ」(P74)の練習を積み、足指をしっかり立てられるようにしておきます。

また、パスを出した直後のダッシュでは、一歩目をいかに速く踏み出し、相手よりも先手をとれるかどうかが重要です。「オープンキャッチ」(P78)などで地面を掴めるようにしましょう。

パスと移動はほぼ同時に見えますが、パスをしてから移動という手順を守り、その中で最速を目指します。

相手のマークを外す動きを身につける GAME

パスを出し、素早く次へ動く、というシーンを想定したメニューです。試合中の至るところで行われる動きなので、相手のマークを外すためにも身につけておくと良いでしょう。

また、素早い動きとともに、正確なパスも重要です。テンポ良くパス交換をするためには、相手が走り込む先にパスを出す必要があります。

パスを出してから次に動くまでの時間を短くすることで、相手を揺さぶることができます。

MENU #13

グループパス

ボールと人の回転を逆方向にし、相手DFとの駆け引きを意識したパス回しの練習です。パスと走り出しを素早く行います。

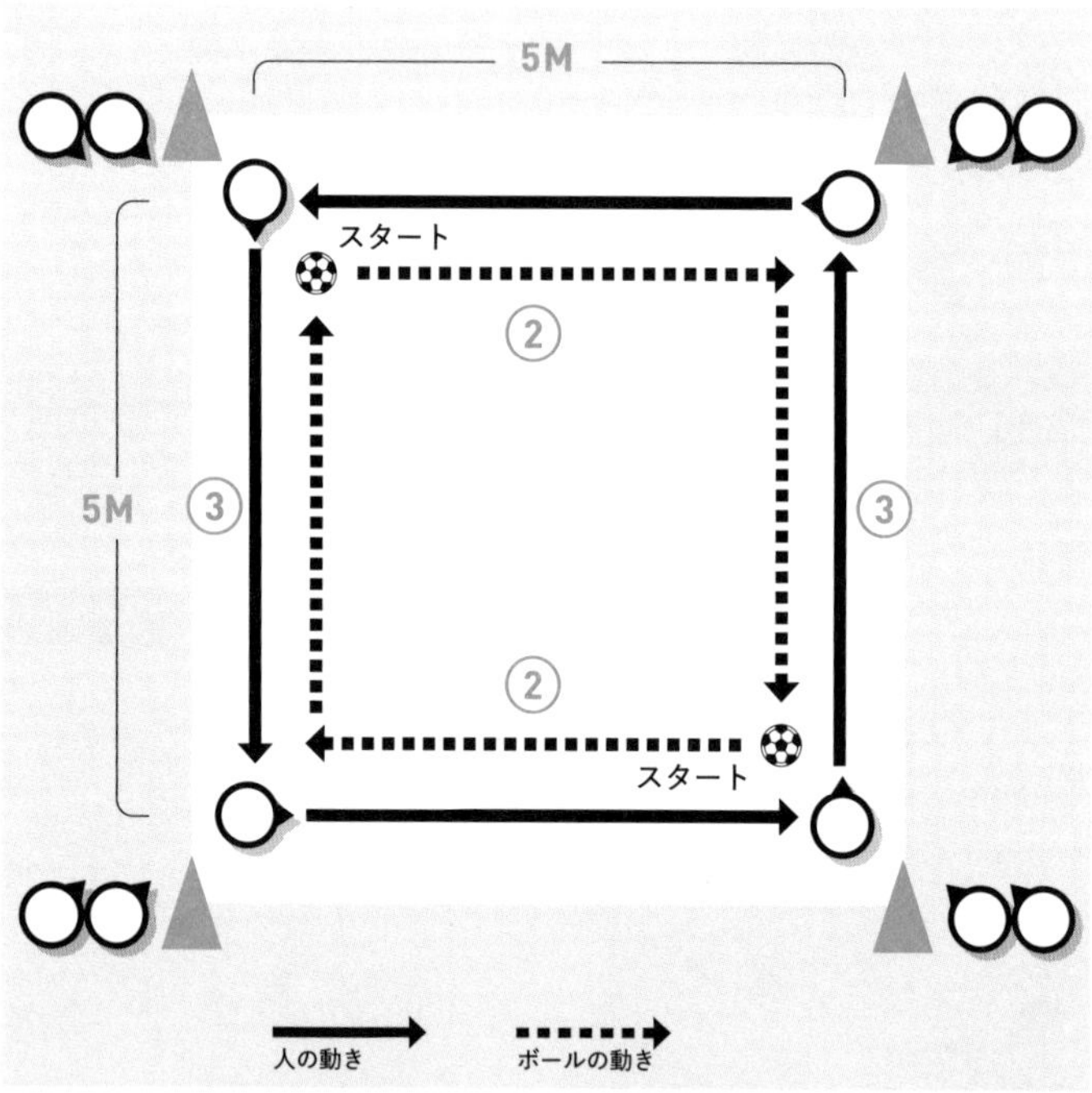

1. 5m四方のグリッドを作り、各頂点に3人ずつ選手を配置。ボールはふたつ用意する
2. 笛の合図で2つのボールを同時にパスを出して回す
3. ボールを左に出したら、パスを出した選手は右回りに走る
4. ❶〜❸を20秒行い、なるべく多くのパスを回す

POINT パスを出してから走る、という手順を守る

相手DFがすぐ横にいることを想定し、パスを出した直後にマークを振り切るイメージで1~2歩目をダッシュします。マークを外すことで、もう1回パスを受け直す、という想定です。

　ポイントは、パスを出してから走り出す、という手順を守ること。パスを出すまで自分の走る方向を隠すことで、相手に動きを読まれにくく、マークを外しやすくなります。これも駆け引きのひとつです。

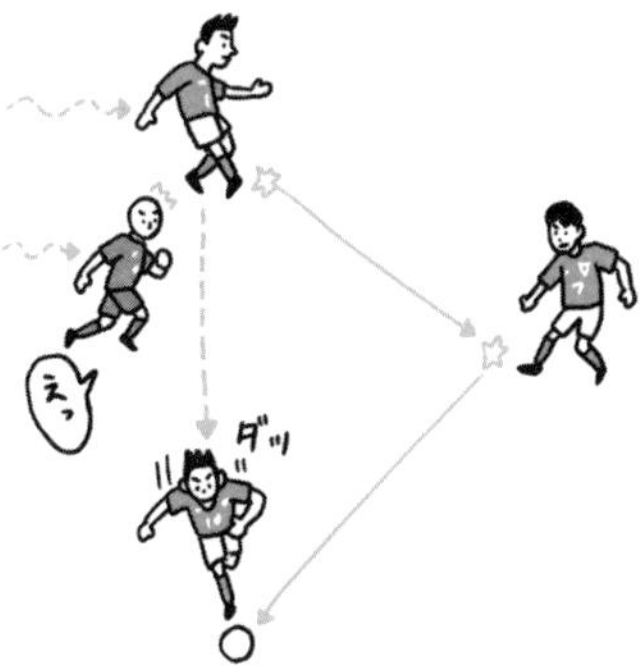

体の向き、パスの方向、走る方向をそれぞれ別にして、自分のプレーを相手に読ませないようにします。

NG 足指を使ったパスと方向転換が前提

走ることに気を取られてしまい、パスを出す前から走る方向に体が向いてしまうのはNGです。相手DFに、自分が走るコースを教えているようなもので、駆け引きがなくなってしまいます。

　また、走ることに意識が傾くと、パスもずれてしまう可能性が高くなります。足指を使ってトラップ、パス、方向転換を行うのは大前提として意識しましょう。

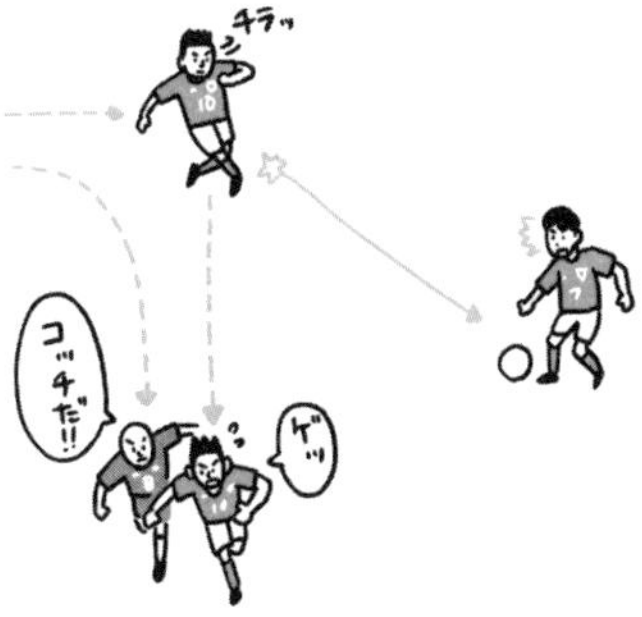

パスを出す前から自分が走る方向を向いてしまうと、自分のプレーを相手に教えてしまうことになります。

MENU #14

グループパス+1

中央へのコースを作り、ボールを2つ使ってパス回しをすることで、
判断とパスのスピードを上げるメニューです。

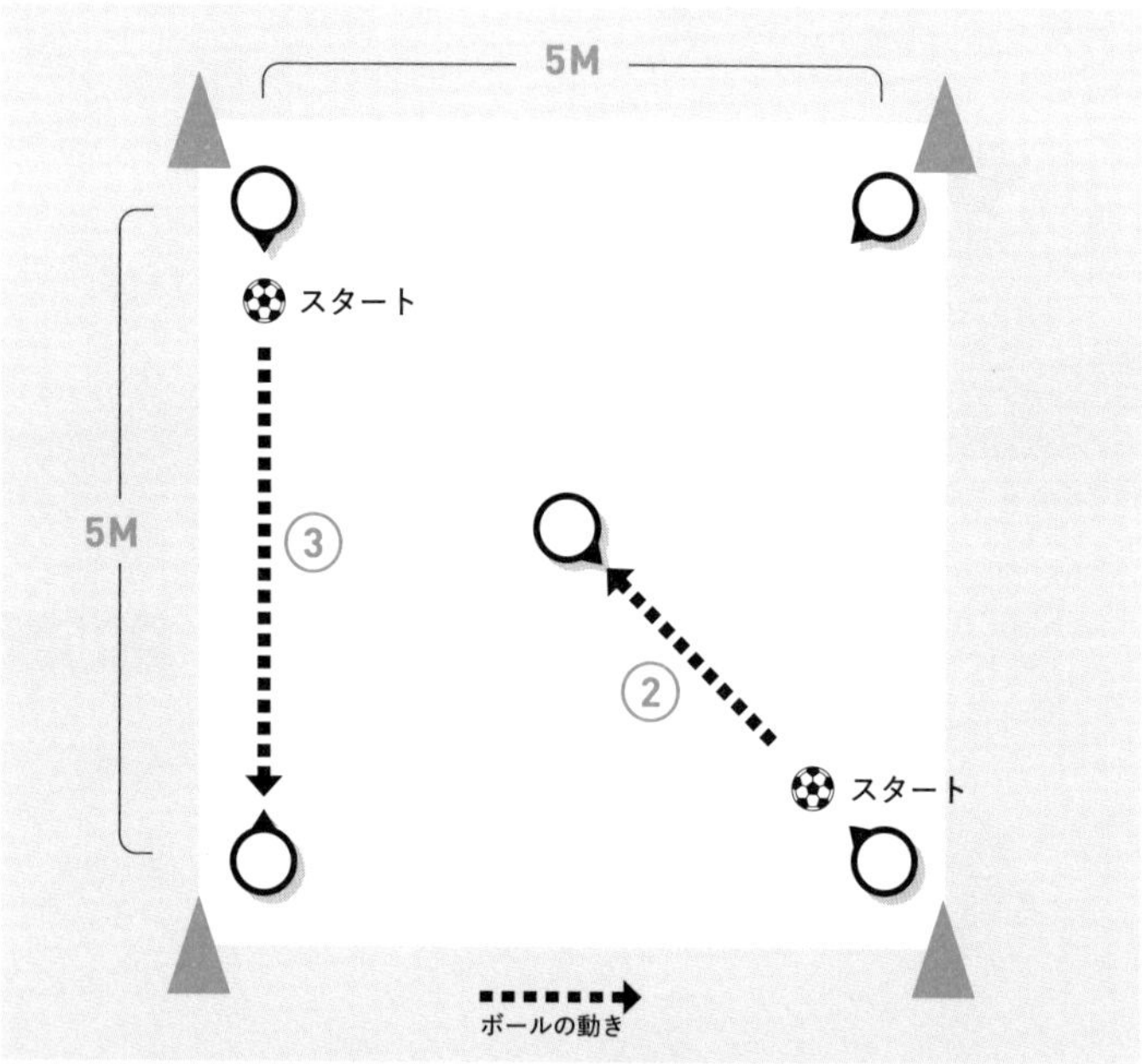

❶ 5m四方のグリッドを作り、各頂点と中心に1人ずつ選手を配置。ボールは2つ用意し、対角線の選手同士が持つ

❷ 笛の合図でパス回しを開始。中央へのパスを最優先にする。ただし、1人の選手がボールを2つ受けてはいけない。

❸ 中央へパスを出せない場合は、素早く判断を変えて横の選手にパスを出す

❹ ❷❸を30秒繰り返す

中央が最優先だが柔軟に判断を変える　POINT

中央へのパスが最優先ですが、受ける準備ができていないのに出してはいけません。中央が難しい場合は、即座に判断を変えて横の選手へボールを渡します。

また、中央の選手がボールを受ける体勢を整え続けることも重要です。一度受けたボールを離す時には、次に受けるイメージを持っている、というスピード感で行いましょう。

パスの受け手と出し手、どちらも素早く柔軟な判断が求められます。

起こるミスは判断ミスが原因　NG

1人の選手にボールが2つ重なってしまうと、ひとつのボールが1人の選手に2秒以上留まってしまうことがNGです。ボールが2つ重なってしまうのは、パスの出し手が周囲の状況を把握しきれていないから。2秒以上持ってしまうのは、ボールを受ける前にパスの出し先を決めていないから。どちらも判断ミスによって起こるものです。足指でのトラップとキックは大前提にして、判断力を養いましょう。

ボールが澱みなく流れることがもっとも大事です。自分とパスの受け手だけでなく、もうひとつのボールがどこにあるのかを把握する必要があります。

MENU #15

3対1ロンド

狭いスペースの中でボールを回す練習です。
DFに次のプレーを読ませない動きが重要です。

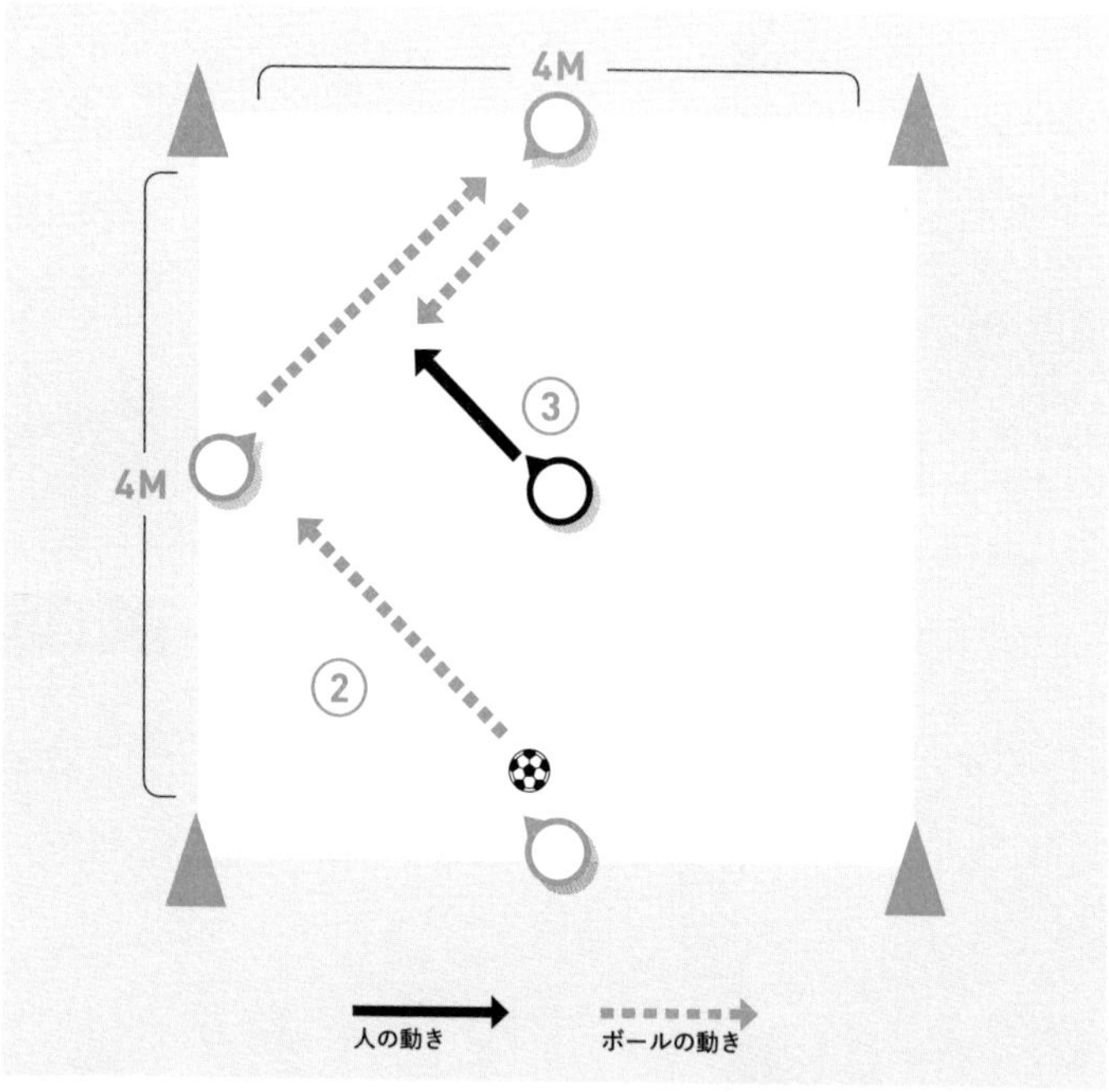

1. 4m以下の正方形を作り、3人が辺に立ち、1人が中心に立つ
2. 中心に立った1人がDFになり、パス回しを行う。パスはすべてワンタッチ
3. DFはボールを完全に自分のコントロール下に置いたら交代。直前にプレーした選手がDFになる
4. 制限時間1分で❷❸を繰り返す。

相手DFに次のプレーを読ませない POINT

相手が激しくプレッシャーに来た中でも、わずかなパスコースを作る技術を身につける練習です。目の前にいる相手DFとの駆け引きの中で、いかに次のプレーを読ませずにパスを回すかがポイント。小さいキックフォームで蹴る、パスの直前に蹴る方向を変えるなど、ボール以外の駆け引きも意識して行いましょう。あまりにもパスが回らない場合は、7m程度までピッチを広げると良いでしょう。

実際の試合でも、ゴール前の局面では同じくらいのスペース。練習から狭いスペースでプレーする感覚を養いましょう。

駆け引きのないプレーはNG NG

パスを出す方を向いて正直にパスを出しカットされるなど、駆け引きのないプレーになってしまうのはNG。たとえ1本だけパスが通っても、DFは次の選手に素早くプレスをかけることができるので、すぐに奪われてしまうでしょう。駆け引きを行い、パスを出した先の選手、さらに次の選手まで、余裕を持てる状況を作り出すことが重要です。小さなグリッドなので、5本パスが通れば上出来と考えます。

駆け引きのないプレーでは、相手にカットされる可能性が高くなります。仮に通っても、パスを受けた選手の余裕は少なくなるでしょう。

MENU #16

2対2＋4ロンド

中盤の激しい攻防の中でボールをキープし、
素早く前線へ展開するという場面を想定した練習です。
各辺4人の選手はワンタッチしかできないので、
中央の4人は常にボールを受ける動きが必要です。

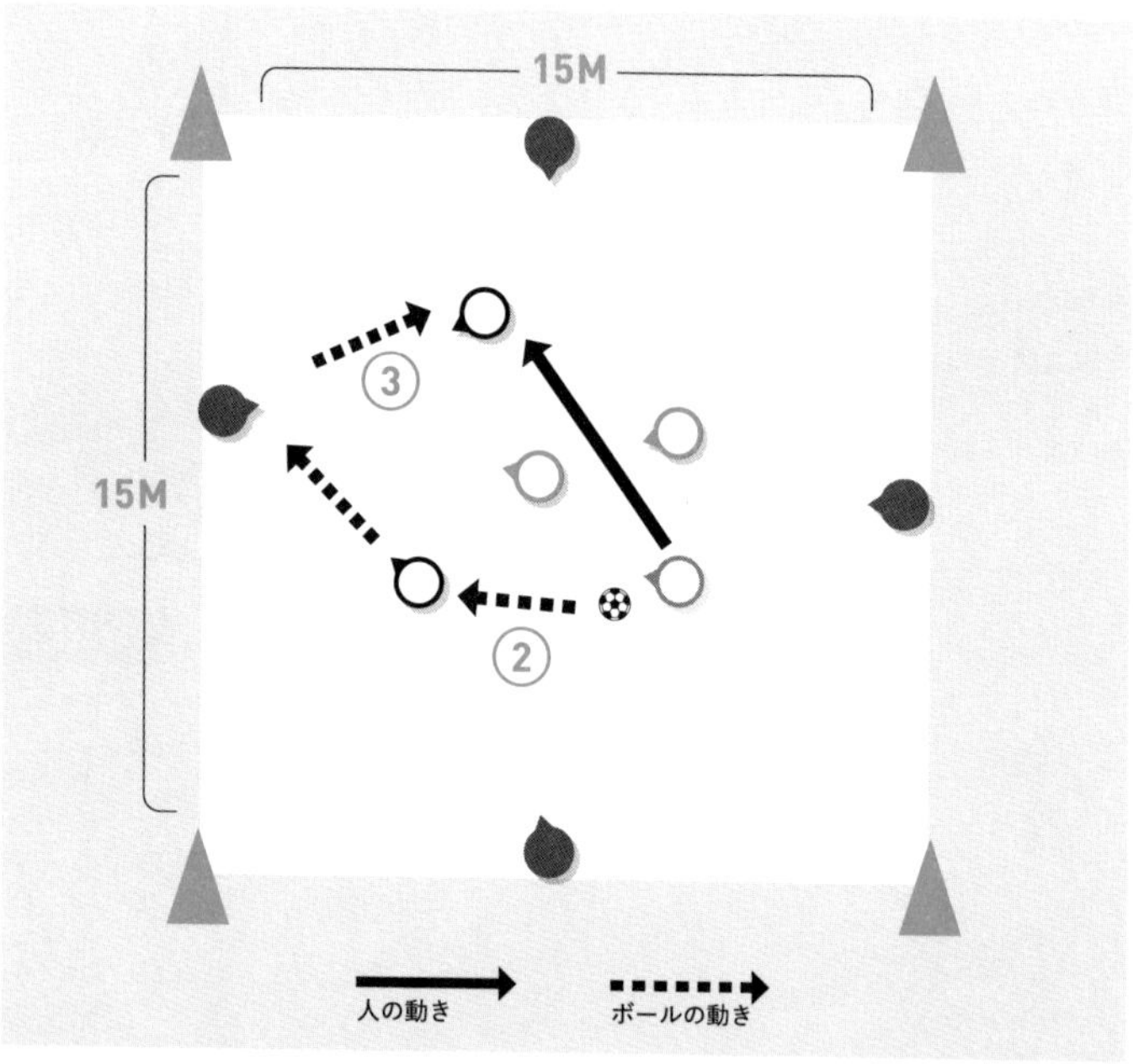

1. 15m四方のグリッドを作り、各辺に１人ずつ、グリッド内に４人を配置する
2. 中央の４人は２人一組２チームとなり、２対２を行う。各辺の４人は、パスを出された方のチームの味方となる
3. ２対２でボールを保持しながら、各辺どれかの選手にパスを出し、ワンタッチでリターンを受ければ１点
4. 中央の４人は２タッチ以下、各辺の４人は必ずワンタッチでプレーする

POINT クイックネスが強く求められる

中央の4人は2タッチ以下、各辺4人はワンタッチのみと、少ないタッチ数でのプレーが求められます。そのため、ボールをもらう前から次のプレーへの準備を整えておき、パスを出したらすぐ次へ向かう、というクイックネスが強く求められるメニューです。小指と親指をしっかりと開き地面を掴んで、狭い中でも方向転換ができるように足指を鍛えておきましょう。

人数が多くなるほど、どの方向に向かうかという判断が重要になります。

GAME ボールを受ける前からイメージする

中盤の密集した中での攻防と、ボールを保持した後のスピードを上げた攻撃を想定しています。狭いスペースの中で確実にマイボールを確保し、周囲と連携しながら前線へボールを運ぶ、という場面です。各辺4人の選手はワンタッチしかできないため、中央の選手はフリーの選手へボールを逃しても、すぐ次へ動き出す必要があります。ボールを受ける前から、攻撃のフィニッシュまでイメージすることが必要です。

自分の元へボールが来るころには、すでに自分のプレーを決めている、という状況を作っておきましょう。

MENU #17

コンビネーションシュート

狭いスペースの中で、味方と近い距離を保ち、相手DFを崩す練習です。
実戦と同じスピード感でプレーできるかどうかが重要になります。

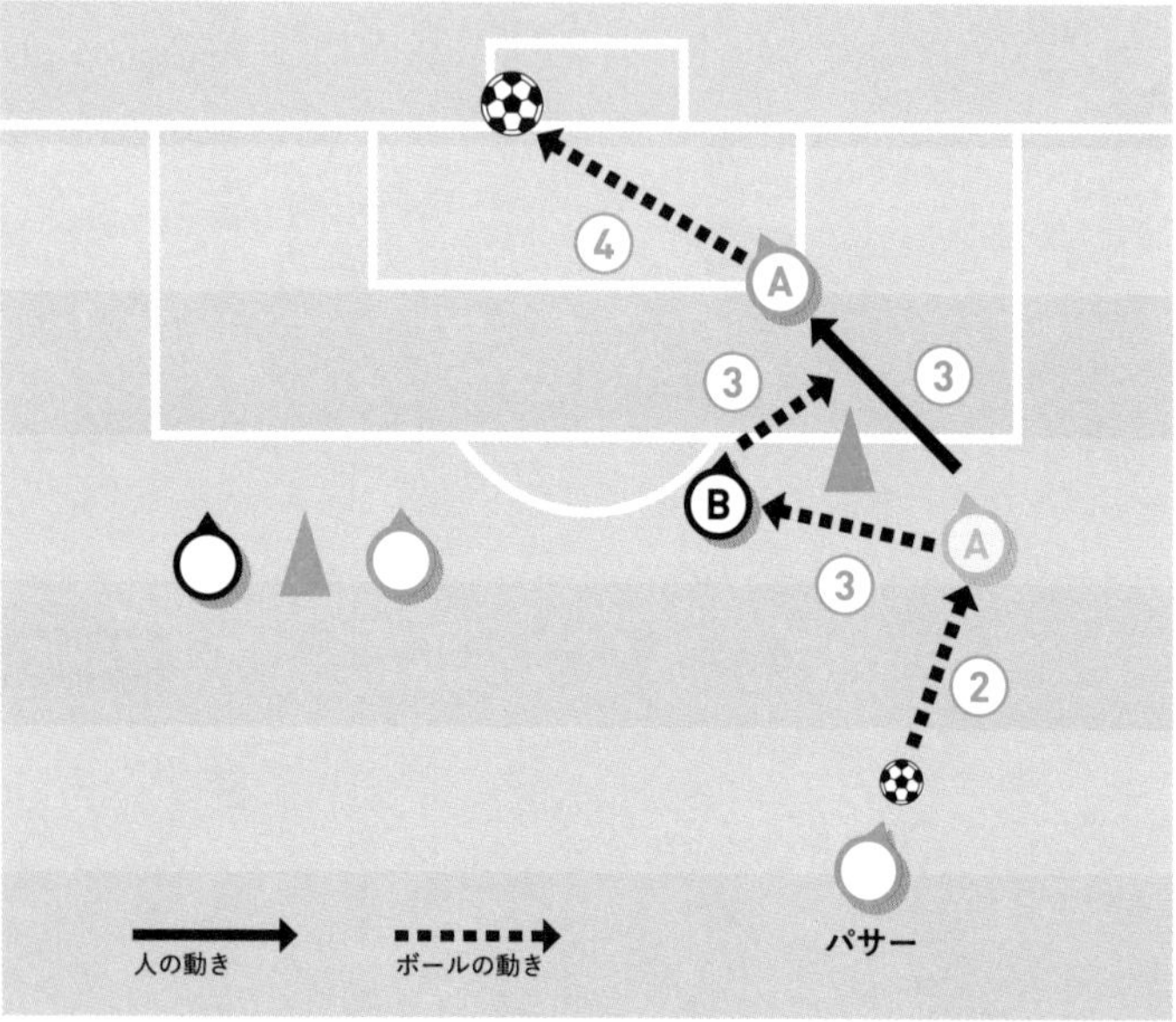

1 ペナルティエリア手前にコーンを置き、両隣にAとBが1名ずつ待機する

2 パサーがAへパスを出す

3 Aはワンタッチで Bへパスを出しゴール前へ走る。Bはさらにワンタッチでリターンパスを出す

4 Aがシュートを打ったら終了。同じメニューを両サイドで行う

ワンタッチパスを成功させる POINT

パサーからAへのパス、Aからワンタッチで のBへのパス、Bが受けてからシュートまで持ち込む流れ、いずれもできる限り速いスピードで行い、その中で精度も求めます。

ポイントは、AからBへのワンタッチパス。このパスを正確に行うことで練習が成立します。インサイド、インフロント、アウトサイド、どんな蹴り方でもかまいませんが、速く正確に行うことが優先です。

速さと正確さを両立できるのなら、トラップする足、部位、タイミングなど、プレーの仕方は問いません。

フリックパスでプレーの意図を隠す GAME

実際の試合ではAとBがコンビネーションで最終ラインを突破する、というイメージです。中央に置いたコーンは、相手DFを想定しています。そのためAからBへのパスは、相手に意図がバレないように、Bに対して半身になりながらフリックパスを行うと良いでしょう。Aはパスを出した後すぐに走り出して、リターンパスをもらうイメージを持ちましょう。

練習中からフリックパスを通しておけば、実戦では、相手にバレないが味方には通じる、という状況を作ることができます。

MENU #18

コンビネーションシュート（2対2）

「コンビネーションシュート」から人数を増やし、役割をより明確化して行う練習です。1対1の時よりも、さらにスピードが求められます。

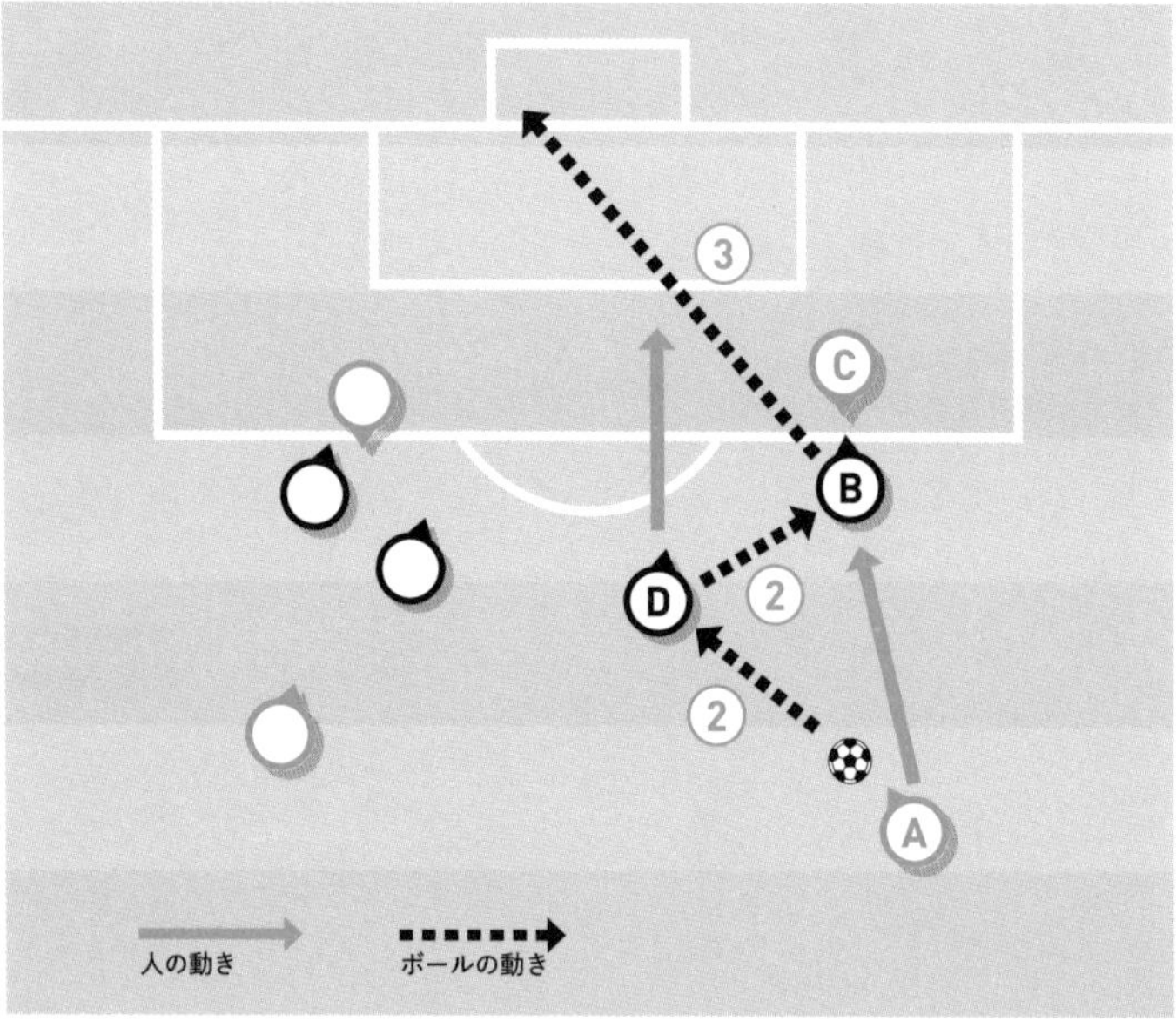

1 パサー（A）、FW（B）、DF（C）、サーバー（D）を図のように配置する

2 AからDへパスを出し、Dはワンタッチでに Bにパスを流し、2対2をスタート。BとDが攻撃、AとCが守備になる

3 攻撃がシュートを打つか、守備がクリアするかでゲーム終了

POINT 数的優位のうちにシュートまで持ち込む

攻撃側は、パサーであるAのカバーが入る前に、数的優位の状態のまま素早くシュートまで持ち込む必要があります。実戦でもレベルが上がるほど、攻撃にかけられる時間は少なくなるからです。もちろん、ポゼッションをして長くボールを握る時間帯もありますが、楔《くさび》となるパスを入れてシュートまで持ち込むための時間は一瞬です。

後ろからDFが追いかけてくるため、よりスピードが求められます。急ぐけど慌てない、という意識でプレーしましょう。

GAME 相手DFを崩す時間は一瞬

前線の選手が近い距離で連携し、相手DFを崩してゴールを狙う、という場面を想定したメニューです。攻撃の最終局面は、たとえそれ以前にポゼッションをしていても、相手DFを崩すための時間は一瞬です。その場のひらめきや、相手DFの裏をかくプレーが必要になります。そうしたアイディアを生むのは、足指を使った正確なボールコントロールです。

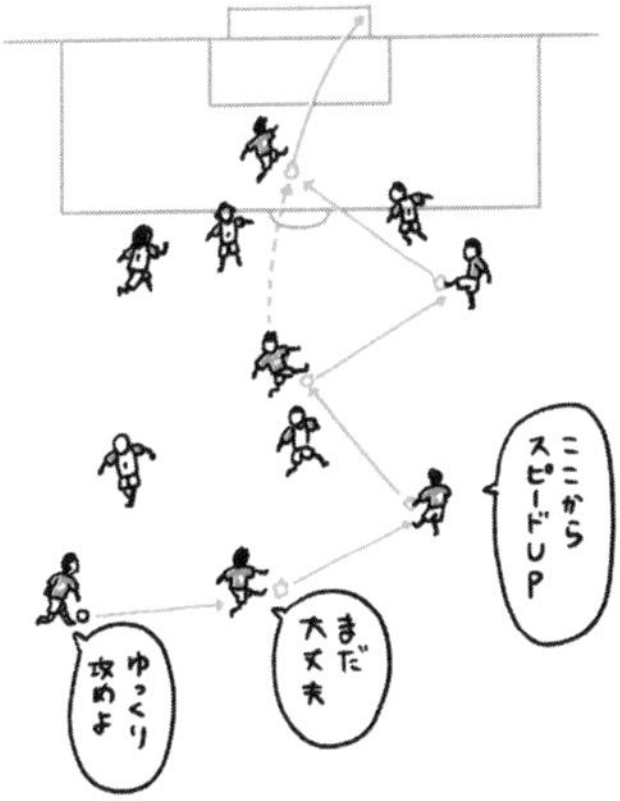
ここからスピードUP
まだ大丈夫
ゆっくり攻めよ

人数が増えることで、攻撃のバリエーションは格段に増えます。柔軟な発想でシュートまで持ち込みましょう。

MENU #19

不着シュート

蹴り足を地面につけずに連続してシュートを打つことで、
蹴り足と軸足の両方の足指を鍛えるメニューです。

1. ペナルティエリアのライン上にボールを5個並べる
2. キーパーとキッカーが1人ずつ待機する
3. 笛を合図にシュートをスタート。キッカーは端から順にシュートを蹴り込む
4. 最初のシュートを打った後、蹴り足を地面につけずに、そのまま次々とシュートを打つ

バックスイングをとって強いシュートを打つ　POINT

これまでのメニューで鍛えた足指力が、総合的に試される練習です。蹴り足の足指を立ててしっかりとボールをインパクトする力、軸足の足指で地面をがっちりと掴んで体を支える力、両方が必要になります。

このメニューの場合は、シュートのために大きな力が必要なので、バックスイングをしっかりとって強いシュートを打ちます。

私がJリーグのクラブを率いていた時に、ブラジル人選手が遊びで行っていたメニューです。

蹴り足を地面につけない　NG

シュートを打った足が地面についてしまうのは、軸足の足指が地面を掴む力が弱く、体のバランスが保てていないことが原因です。シュートがゴールにつく前にバウンドしてしまうのは、バックスイングが十分にとれていない、インパクトの瞬間に足指が立っておらず、ボールに十分な力が伝わっていない、などの原因が考えられます。

うまくシュートを打てない場合、蹴り足、軸足、ともに足指の力が不足しているかもしれません。2章からもう一度トレーニングしましょう。

Chapter 5　拓殖大学サッカー部「足指」特別座談会

強豪相手でも自分のプレーができるようになった

著者である川勝良一が、テクニカルアドバイザーを務める拓殖大学サッカー部。本当に足指を鍛えるとサッカーがうまくなるのか？ 拓殖大学サッカー部のコーチと選手を迎えて、座談会を実施しました。プロ予備軍とも言える彼らは、足指を鍛えることでどんな効果を実感したのでしょうか。

川勝良一

宮川大輔コーチ

FW
三浦敏邦

DF
関根大輝

MF
安西晃輝

※プロフィールはP11を参照

体をぶつけられても簡単にバランスを崩さなくなった

――足指を鍛えたことによる効果や変化を教えてください。

宮川　練習中のちょっとした足首の使い方や、ステップの運び方が変わりました。それはBチームの選手も同じ。特にひとつのプレーから次への動作へつながる様子が、自然とスムーズになっているのがわかります。

川勝　本書では足指を鍛えるメニューを解説していますが、それを全部こなさなくても、スキマ時間に指を意識して動かすだけで効果は徐々に現れていきます。いきなり指が開くようになったり、試合の動きが変わったりすることはありません。

日々の中で意識することで変わっていくのです。

三浦　足指を意識するようになってから少しずつ変化を感じています。僕はFWで、相手を背負ってボールを受けることが多いのですが、最近は体をぶつけられても簡単にバランスを崩さなくなりました。踏ん張れるようになり、相手を意識せず自分のプレーに集中できるようになったと思います。そうするとゴール前でも、ゴールとキーパーをしっかり見ることができて、冷静にコースを狙ってシュートを打って、点が取れるようになりました。

川勝　三浦は背が高いFWで、大柄な選手にありがちなバランスの悪さがあり、少し相手に体をぶつけられただけでふらついてしまう選手でした。また、ピッチ内での急停止、急旋回が必要な場面でも、身長が高いゆえにバランスを崩しやすいタイプです。筋トレよりも体を支えている足指を鍛えた方が良いので、足指のメニューを渡しています。テレビやスマホを見ながら、授業中でも指を開いて意識するようになって、最近ようやく足が開くようになってきたようです。

関根　僕は試合中の足の運びがスムーズになったと感じています。サイドバックはスプリントの回数が多いのですが、体が疲れた中でも最後まで走り切ることができるようになりました。それと、加速力も感じます。走り出してからトップスピードに乗るまでがスムーズになりました。

川勝　サイドバックは、試合を通して長い距離を走り切る体の使い方が重要です。いつでもトップスピードに乗れる状態を作っておき、タイミングを見て一気に攻め上がる。足指を鍛えれば、そういったスピードの使い分けもできます。

安西　僕はボランチで、ピッチ中央の狭いスペースで的確なプレーをする必要があります。敵味方入り乱れる中で、ほんの数十cm相手を外してボールを受ける、という動きができるようになりました。一瞬相手から離れてボールを受ける時間が生まれ、余裕を持つことができます。今はまだ意識して足指を使う状態なので、もっと習慣化して無意識にできるレベルまで持っていきたいです。

川勝　ボランチは攻守でハイレベルな役割が求められます。パスをさばいてゲームを作り、守備では相手の攻撃の芽を摘む働きが必要です。密集の中で相手を外すクイックネスも、ボールを持った相手に対応するフィットネスも、両方必要です。

「呼ばれたらそこに出せばいい」「要求すればパスが出てくる」

――選手同士が感じる変化はありますか？

安西　足指を鍛えたことによる変化は、選手同士でも感じています。三浦は1年生の時よりボールを預けられる安心感がありますし、相手を背負っていても三浦の正面にパスを出せば収めてくれます。**「呼ばれたらそこに出せばいい」という感覚は、以前より強くなりました**。

関根はきつい試合でも勢いを持って攻め上がってくるので、そっちのサイドにパスを出したくなります。サイドバックのスプリントはレベルが上がるほどパワーが必要なので、なんとか使ってあげたいという気持ちになります。

関根　その割にあんまりパス来ないですけどね（笑）。

三浦　関根は守備で抜かれないし、ボールを持てば奪われないので、前から見ていても安心感があります。

安西も、狭いスペースの中で細かく動いてボールを受け、小さい足の振りで強いパスが出てくるので、**「要求すればパスが出てくる」という状態になっていると思います**。

川勝　これまで多くの大学生を見てきましたが、全身に力が入りすぎている選手がほとんどでした。トラップでも、キックでも、全身に力が入っているので、次へのプレーがとても遅い。

でもサッカーは本当は、必要な時にだけ力を入れれば十分なスポーツです。

川勝　試合で硬くなっている選手も、練習ではとてもリラックスできているんです。でも公式戦は練習とは違った緊張感がありますから、体に力が入ってしまう。練習でできていることをいかに試合で表現するか。表現するためにはどれだけリラックスできるか。リラックスするためには、足指を鍛えることが必要なんです。

宮川　僕は現役時代にセレッソ大阪やザスパ草津などでプレーしましたが、足指を考えることはほとんどありませんでした。怪我が多い選手だったので、自分で足指のことを考える機会自体はあったんです。でも体系的に学ぶことはなくて、拓殖大学で川勝さんと出会ってから学びました。足指は、練習でうまい選手の技術を試合で引き出すことにとても役立っていると思います。

僕はＦＷだったので、ゴール前で足の振りを小さくして強いシュートを打つ、という技術は、現役の時に知りたかったですね。レベルが高くなればなるほど、足を振り上げている間にＤＦが詰めてきますから。そういった技術は自分でも練習はしていましたが、足指が大事だったとは思いませんでした。今はもう自分で体得するのは難しいので、選手たちに伝えていこうと思っています。

両足を均等に扱うのは無理 右足のアウトサイドで蹴ればいい

――川勝さんの言葉で、印象に残っているものはありますか?

三浦 川勝さんに言われて印象に残っているのは、「両足を均等に扱おうとするのは無理。得意な右足を伸ばせばいい。左足が最適な場面でも、右足のアウトサイドで蹴ればいい」という言葉です。僕は右利きで、左足の扱いが苦手で、どうすれば左足の精度が高くなるかをずっと考えていました。でも川勝さんに「得意な方を伸ばしたらいい」と声をかけてもらって、目から鱗が落ちました。左足でボールを扱うべき場面でも、右足アウトサイドで処理すればいい。そう考えられるようになって、プレッシャーから少し解放されました。

関根 僕は「海外の選手はワンタッチのプレーの質が違う。日本人選手なら2、3タッチする場面でも、海外の一流選手はワンタッチでプレーする」という言葉を聞いて、自分でも意識するようになりました。試合を改めて見返すと、ワンタッチでプレーできるのに2、3タッチかけてしまう場面がかなりあって、プレーの流れを止めないためにもワンタッチでプレーすることが増えました。味方にも余裕ができるし、自分も高いポジションを取れるようになりました。

安西 「ひとつのことを考えるのは誰でもできる。一瞬の中で2つ3つのことを考えろ」と言われたことが印象に残っています。ボールを受ける、パスコースを探す、という各駅停車ではなく、ボールをもらいながら次にパスを出す相手を探して、相手の位置も見て動くようになりました。

川勝　意識が高い選手は、こちらがかけた言葉を覚えてくれて、その言葉から自分で答えを探して実行していきます。でもだからこそ、指導者は安易なことをいってはいけない。言葉に責任を持つのは、指導者として最低限の条件です。

例えば関根の話にあった「ワンタッチでプレーする」という話は、欧州のトップレベルを意識した声のかけ方です。関根は将来海外でプレーすることを希望していますし、それだけのポテンシャルもあると思っています。であれば、そのレベルにあったプレーを要求するのも、指導者の責任です。選手は必要なことだとわかれば自分で取り組むし、別の課題があるならそれを克服すればいい。我々は、言葉に責任を持って声をかけて、選手にきっかけを与える存在にならなければいけません。

宮川　選手たちは、信頼できる指導者に出会うことが大切だなと痛感します。僕も子どものころは「両足で蹴れる方がいい」と言われましたが、自分の苦手なことを克服するより得意なことを伸ばした方がいいと思っていたので、あまり練習しませんでした。その結果、利き足で多くのことができるようになって、プロ選手になることができました。

強豪相手にも自分のプレーができるようになった

――改めて、足指を鍛えてよかったことを教えてください。

三浦　1年生の時はなかなか試合に出られなくて、川勝さんのトレーニングをメインに活動していました。そこで足指の大切さを教えられて普段から意識するようにしたら、2年生になって、自分が思っていた以上にゴールという結果が出ました。信じてやり続けてきて良かったです。

関根　僕は1年の後半から試合に出るようになって、2年になってから足指を鍛えた成果が出るようになってきたと思います。以前は試合によって自分のプレーにムラがあったのですが、2年からは極端に出来の悪い試合がなくなりました。まだまだ向上する余地は大きいですが、強豪校やプロ相手でも臆することはなくなりました。

安西　1年の時に川勝さんの元で下積みをして、2年生からは下積みの成果が現れてきたと思います。関東大学リーグの強豪校相手にも、自分のプレーができるようになってきました。足指の取り組みはこれからも継続していきたいと思います。

宮川　足指が使えるようになると、大袈裟でなく、世界が変わると思います。体の動き、ボールコントロール、ピッチの状況把握。足指は末端の末端ですが、末端を変えれば体全体が変わります。成果が出るまでに少し時間はかかるかもしれませんが、鍛える価値は十分あると思います。

終わりに

大学生の指導をしていると、足が遅いからスピードでは勝負しない、体が小さいからヘディングの競り合いはしないなど、自分の限界を自分で決めてしまっている選手が多くいます。選手自身が「得意なこと」を自覚できていないことが多いのです。

世界では、190cm以上の選手がウイングで出場して、素早いドリブルでDF2人を突破する、といったプレーを見ることができます。日本だったらきっと、190cmの身長がある選手は、GK、センターバック、ワントップなどで起用されますよね。もちろん「背が高い選手はGK、センターバック、ワントップ」という傾向はどんな国でも同じですが、あくまで傾向の話。常識にとらわれず、選手の特性を選手自身も指導者もしっかりと見極めて、才能を伸ばしています。

足指を鍛えることは、小さいころから始めても良いでしょう。早いうちから足指を鍛えることで、自分の「得意なこと」を見つけられる可能性が高まるからです。

サッカーに限らず日本の教育では、得意なことを伸ばすよりも、苦手なことを克服することを重視する傾向にあります。しかし私は、得意なことを伸ばす方を重視して指導を行っています。なぜなら、苦手なことを克服できたとしても、平均的な選手になってしまう可能性が高いからです。具体的に言うと、右利きの選手の左足。少年たちに「両足で蹴れるようになりましょう」と指導して、利き足とは逆の足のキックを練習させる指導者は多いと思います。また選手自身も練習するでしょう。もちろん、決して無駄なことではありませんし、素晴らしい努力です。

しかし私は、右利きの選手が左足で練習して平均的なキックの出来になるくらいなら、徹底的に右足を極めて誰にも負けないキックを身につけるべきだと考えます。クリスティアーノ・ロナウドや小野伸二のように、右利きでも両足ともに同じくらいの精度で蹴れる選手は、稀有な才能の持ち主です。それよりも、片足を極めてどんな状況でも右足で対応できる力を身につける方が、よりトップレベルに近づけると思います。サッカーには「両足でプレーしなければいけない」というルールはないのですから、片足だけでチームの勝利に貢献できるなら、それで問題ないのです。

本書の3章でも述べた通り、クリエイティブなプレーは生まれつきのものだけではなく、後から練習で身につけることができます。その練習のひとつが足指を鍛えることです。足指を鍛えることで自分の意外な能力に気づき、プレーの幅が広がったという選手を、私は数多く見てきました。「足指を鍛えれば必ずうまくなる」と言い切ることはできませんが、現状に満足していない選手が何かを変えるきっかけにはなるはずです。

また、日々大学生の指導をする中で、指導者の役割が本当に大きいと感じます。失敗を恐れて安全なプレーばかりを選ぶ選手、ミスをすると指導者の目線を気にしてしまう選手は、おそらく「負けられない」という過度なプレッシャーの中で戦ってきたのでしょう。本来はもっと大胆に楽しくプレーできるはずなのに、萎縮してしまっています。彼らに「ミスを恐れるな」「もっと自由に楽しくプレーしてみよう」「自分の発想のままにプレーしてみよう」というと、私の声かけひとつでこれだけ違うのかと思うほど、プレーが変わることがあります。また反対に、高校までの環境ではあまり強い指摘がされず、本当ならもっと高いレベルでプレーできるはずなのに、今の環境の中で通用するプレーに満足してしまっている、という選手もいます。そうした選手には「本当にそんなプレーでいいのか」と刺激して、より高いレベル、より厳しい環境を目指すように促します。そうして意識が変わり、最終的にJリーグクラブとの契約に至る選手もいました。どちらのケースも指導者としての醍醐味のひとつであり、同時に責任の大きさを感じる出来事です。

サッカーは自由なスポーツです。手以外なら、体のどこを使ってもいいし、どんなフォームで蹴ってもいい。オフサイドに気をつければピッチ内のどこにいてもいいし、ゴールを決められるならどんな形でもいい。そうした自由な発想こそが、見る人を楽しませるクリエイティブなプレーを生み出します。そして自由な発想を生み出すきっかけのひとつが、足指だと信じています。

本書の内容と足指を鍛えることが、みなさんがプレーを楽しむための一助になれば幸いです。

川勝良一

川勝良一（かわかつ・りょういち）

1958年4月5日生まれ。京都府京都市出身。現役時代は東芝サッカー部、読売クラブ、東京ガスなどでプレーし、日本代表としても国際Aマッチ13試合に出場。その後、Jリーグのヴェルディ川崎（当時）、ヴィッセル神戸、アビスパ福岡、東京ヴェルディなどの監督を歴任し、解説者に。拓殖大学サッカー部のテクニカルアドバイザーも務め、SNSで練習メニューなどを積極的に発信している。

Twitter：@ketsu0912

本文・カバーデザイン	TwoThree
本文イラスト	タカハラユウスケ
カバー・扉イラスト	川勝良一
DTP	新藤昇（Show's Design株式会社）
編集	中村僚
校正協力	株式会社聚珍社
取材・撮影協力	拓殖大学サッカー部

サッカー
うまい選手は足指が開く
クリエイティブが目覚めるトレーニング

著　者　川勝良一
発行者　池田士文
印刷所　萩原印刷株式会社
製本所　萩原印刷株式会社
発行所　株式会社池田書店
〒162-0851
東京都新宿区弁天町43番地
電話 03-3267-6821（代）
FAX 03-3235-6672

落丁・乱丁はお取り替えいたします。

ISBN 978-4-262-16660-5

[本書内容に関するお問い合わせ]
書名、該当ページを明記の上、郵送、FAX、または当社ホームページお問い合わせフォームからお送りください。なお回答にはお時間がかかる場合がございます。電話によるお問い合わせはお受けしておりません。また本書内容以外のご質問などにもお答えできませんので、あらかじめご了承ください。本書のご感想についても、当社HPフォームよりお寄せください。
[お問い合わせ・ご感想フォーム]
当社ホームページから
https://www.ikedashoten.co.jp/

23000002